Die Kunst von

UNTERNEHMENSSOFTWARE

—◆—

Ein umfassender Leitfaden für Erfolg

Von

Danish Ali Bajwa & Usama Bajwa

Urheberrecht © 2023 von Danish Ali Bajwa, Usama Bajwa

Der Inhalt dieses Buches darf ohne ausdrückliche schriftliche Genehmigung des Autors oder Verlags weder in irgendeiner Form noch in einem Abrufsystem, das jetzt bekannt ist oder in Zukunft erfunden wird, reproduziert, vervielfältigt oder übertragen werden. In keinem Fall wird dem Verlag oder Autor die Schuld oder rechtliche Verantwortung für Schäden, Wiedergutmachung oder finanzielle Verluste aufgrund der in diesem Buch enthaltenen Informationen auferlegt, sei es direkt oder indirekt.

Rechtlicher Hinweis:

Dieses Buch ist durch das Urheberrecht geschützt. Es dient nur dem persönlichen Gebrauch. Ohne die Zustimmung des Autors oder Verlags dürfen Sie keinen Teil des Inhalts dieses Buches ändern, verteilen, verkaufen, verwenden, zitieren oder paraphrasieren. "Angemessene Verwendung" bedeutet, dass eine Zusammenfassung oder ein Zitat mit angemessener Anerkennung des Autors gestattet ist.

Haftungsausschluss:

Bitte beachten Sie, dass die in diesem Buch enthaltenen Informationen nur zu Bildungszwecken dienen. Es wurde alles unternommen, um genaue, aktuelle, zuverlässige und vollständige Informationen bereitzustellen. Es werden keine Garantien jeglicher Art erklärt oder impliziert. Die Leser erkennen an, dass der Autor keine rechtlichen, finanziellen, medizinischen oder beruflichen Ratschläge erteilt. Der Inhalt dieses Buches stammt aus verschiedenen Quellen. Bitte konsultieren Sie einen qualifizierten Fachmann, bevor Sie in diesem Buch beschriebene Techniken ausprobieren. Durch das Lesen und Verwenden dieses Buches stimmt der Leser zu, dass der Autor unter keinen Umständen für direkte oder indirekte Verluste verantwortlich ist, die durch die Verwendung der Informationen in diesem Buch verursacht werden, einschließlich, aber nicht beschränkt auf Fehler, Auslassungen oder Ungenauigkeiten.

E-Mail: rkbooks16@gmail.com

E-Book ISBN: 978-969-3492-54-5

Taschenbuch ISBN: 978-969-3492-55-2

Gebundenes Buch ISBN: 978-969-3492-56-9

Autorenbiografie

Danish Ali Bajwa und Usama Bajwa, bekannt als die Bajwa-Brüder, sind ein dynamisches Autorenduo, das für ihre vielfältige Palette veröffentlichter Werke in verschiedenen Genres bekannt ist. In einem Zuhause aufgewachsen, in dem Kreativität und Wissen tief geschätzt wurden, haben diese Brüder ihr angeborenes Geschick für Geschichtenerzählen und Erkundung in eine blühende Karriere in der Literatur umgewandelt.

Danish Ali Bajwa ist ein produktiver Schriftsteller mit der einzigartigen Fähigkeit, eine vielfältige Leserschaft anzusprechen. Mit einer unverkennbaren Stimme hat er zu einer umfangreichen Sammlung von Kinderbüchern beigetragen, in denen er geschickt wesentliche Lebenslektionen mit fesselnden Erzählungen verknüpft, die auf junge Köpfe abgestimmt sind. Neben Kinderliteratur umfasst Usamas Portfolio auch eine Reihe von Motivationsbüchern. Er besitzt eine erstaunliche Fähigkeit, Leser durch seine überzeugenden Erzählungen und authentischen Darstellungen des menschlichen Geistes zu inspirieren und aufzubauen. Usamas Worte dienen als Leuchtfeuer der Positivität und ermutigen die Leser, ihre Ängste zu überwinden und ihr wahres Potenzial zu entfalten.

Usama Bajwa hingegen bringt eine analytische Perspektive in ihre Schreibkollaboration ein. Mit großem Interesse an der Schnittstelle von Wirtschaft und Technologie hat Danish mehrere informative Bücher verfasst, die komplexe Themen für die Leser verständlich und ansprechend machen. Danishes Fachkenntnisse in Geschäfts- und Technologiethemen zeigen sich in seinen umfassenden und intuitiven Leitfäden. Er brilliert darin, innovative Ideen und zukunftsweisende Trends mit einem fundierten Verständnis für zeitgenössische Geschäftsbedürfnisse darzustellen, wodurch seine Bücher zu einem festen Bestandteil in den Bibliotheken ehrgeiziger Unternehmerinnen und Technikbegeisterter werden.

Gemeinsam haben Danish und Usama einen einzigartigen und vielfältigen Schreibstil kultiviert, der ihre Leser fesselt und sie von der ersten bis zur letzten Seite in seinen Bann zieht. Ihre Bücher spiegeln oft die Symbiose ihrer unterschiedlichen Interessen und Fachkenntnisse wider sowie das kraftvolle Gleichgewicht zwischen Emotion und Logik. Trotz ihrer vielfältigen Interessen teilen sie sich das Engagement, hochwertige Literatur zu schaffen, die gleichermaßen fesselnd und aufschlussreich ist. Die Bajwa-Brüder setzen ihre Präsenz in der Literaturwelt fort und hinterlassen ein Erbe von einsichtigen, zum Nachdenken anregenden und bezaubernden Büchern, die wirklich einen Unterschied bewirken.

Vorwort

Willkommen bei "Die Kunst der erfolgreichen Implementierung und Verwaltung von Unternehmenssoftware". Dieses Buch dient als umfassender Leitfaden für Unternehmen, die die Feinheiten der Implementierung und Verwaltung von Software in der heutigen dynamischen und sich rasch entwickelnden digitalen Landschaft meistern möchten. In einer Ära, in der Technologie eine entscheidende Rolle für den Geschäftserfolg spielt, ist es wichtig, die Kunst hinter effektiven Softwareinitiativen zu verstehen.

Das Ziel dieses Buches ist es, den Lesern einen ganzheitlichen und praktischen Ansatz für die Implementierung und Verwaltung von Unternehmenssoftware zu bieten. Ob Sie Unternehmensinhaber, Führungskraft, Projektmanager oder IT-Experte sind, die hier präsentierten Erkenntnisse und Strategien werden Sie mit dem notwendigen Wissen ausstatten, um erfolgreiche Softwareprojekte in Angriff zu nehmen.

Die Implementierung und Verwaltung von Software sind komplexe Unternehmungen, die sorgfältige Planung, strategische Entscheidungsfindung und die Fähigkeit erfordern, sich an sich ändernde Umstände anzupassen. Dieses Buch erkennt die Herausforderungen, denen Unternehmen bei der Auswahl, Bereitstellung und Verwaltung von Softwarelösungen gegenüberstehen. Es zielt darauf ab, den Prozess zu entmystifizieren und praktische Anleitungen bereitzustellen, um reibungslose und effiziente Softwareprojekte sicherzustellen.

In den kommenden Kapiteln werden wir verschiedene Aspekte der Implementierung und Verwaltung von Unternehmenssoftware erkunden und dabei Themen wie Planung und Auswahl von Software, Nutzerakzeptanz, Anpassung und Optimierung, Sicherheit und Datenschutz, laufende Wartung und Upgrades, Projektmanagement sowie aufkommende Trends in der Branche behandeln. Jedes Kapitel vertieft wichtige Prinzipien, Strategien und bewährte Verfahren, die Ihnen helfen werden, die Softwarelandschaft mit Zuversicht zu navigieren und Erfolg zu erzielen.

Die Kapitel sind in einer logischen Reihenfolge organisiert und führen Sie durch den gesamten Lebenszyklus der Implementierung und Verwaltung von Software. Wir beginnen damit, die Bedeutung der Ausrichtung von Softwareinitiativen auf Unternehmensziele zu betonen und die spezifischen Bedürfnisse Ihrer Organisation zu verstehen. Durch einen umfassenden Bewertungsprozess erhalten Sie Einblicke in den aktuellen Stand Ihres Unternehmens und identifizieren die Softwarelösungen, die am besten Ihren Anforderungen entsprechen.

Als Nächstes gehen wir auf den kritischen Aspekt der Nutzerakzeptanz ein. Die Implementierung von Software geht nicht nur darum, ein neues System einzuführen; vielmehr geht es darum, eine Kultur des Wandels zu fördern, Stakeholder einzubeziehen und sicherzustellen, dass die Nutzer die Software in vollem Umfang nutzen. Wir erkunden Strategien für effektive Kommunikation, Schulung und Change Management, um einen reibungslosen Übergang zu ermöglichen und die Nutzerakzeptanz zu maximieren.

Anpassung und Optimierung spielen eine entscheidende Rolle bei der Realisierung des vollen Potenzials von

Unternehmenssoftware. Wir gehen auf die Bedeutung ein, Softwarelösungen an spezifische Unternehmensanforderungen und Arbeitsabläufe anzupassen. Durch Optimierung von Prozessen, Automatisierung wiederkehrender Aufgaben und Integration von Software in bestehende Systeme können Sie den Betrieb optimieren, die Effizienz steigern und konkrete Ergebnisse erzielen.

Sicherheit und Datenschutz haben in der heutigen digitalen Landschaft oberste Priorität. Da Unternehmen zunehmend auf Softwarelösungen setzen, um sensible Informationen zu speichern und zu verarbeiten, sind robuste Sicherheitsmaßnahmen unerlässlich. Wir besprechen die Implementierung von Sicherheitsprotokollen, Datenverschlüsselung und die Einhaltung von Datenschutzbestimmungen, um wertvolle Daten zu schützen und sich gegen Cyberbedrohungen abzusichern.

Des Weiteren untersuchen wir die Bedeutung der laufenden Softwarewartung und Upgrades. Software muss den sich ändernden Unternehmensanforderungen und technologischen Fortschritten angepasst werden. Wir bieten Einblicke in die Erstellung von Wartungsplänen, die regelmäßige Aktualisierung und Installation von Patches, die Bewertung des Bedarfs an Upgrades sowie die effektive Verwaltung von Softwarelizenzen und Supportverträgen. Diese Praktiken gewährleisten die Langlebigkeit, Stabilität und Relevanz Ihrer Softwarelösungen.

Effektives Projektmanagement ist ein weiterer kritischer Aspekt erfolgreicher Softwareprojekte. Wir gehen auf Projektplanung, Meilensteindefinition, Fortschrittsverfolgung, Risikomanagement und die Förderung der Zusammenarbeit zwischen Stakeholdern ein. Durch die Anwendung von Projektmanagementprinzipien können

Sie komplexe Softwareprojekte bewältigen, auf Kurs bleiben und erfolgreiche Ergebnisse sicherstellen.

Zu guter Letzt untersuchen wir aufkommende Trends in der Branche und deren potenziellen Einfluss auf Unternehmenssoftware. Technologien wie künstliche Intelligenz, Cloud Computing, das Internet der Dinge (IoT) und Blockchain prägen die Zukunft von Softwarelösungen. Wir bieten Einblicke in diese Trends, um Sie zu informieren und auf die Chancen und Herausforderungen vorzubereiten, die in Zukunft auf Sie zukommen können.

Dieses Buch ist keine endgültige Antwort auf jede Herausforderung im Zusammenhang mit Software, auf die Sie möglicherweise stoßen. Stattdessen zielt es darauf ab, Ihnen eine solide Wissensgrundlage zu vermitteln und Sie mit den Werkzeugen und Strategien auszustatten, die erforderlich sind, um erfolgreiche Softwareprojekte anzugehen. Jedes Kapitel präsentiert Beispiele aus der Praxis, Fallstudien und Expertenratschläge, um Schlüsselkonzepte zu veranschaulichen und Sie durch den Prozess zu führen.

Ich ermutige Sie, dieses Buch als Leitfaden zu betrachten und die Prinzipien und Strategien auf Ihren individuellen Geschäftskontext anzupassen. Indem Sie die Kunst der erfolgreichen Implementierung und Verwaltung von Unternehmenssoftware annehmen, können Sie das Potenzial der Technologie freisetzen, Innovationen vorantreiben und Ihr Unternehmen für nachhaltiges Wachstum und Erfolg im digitalen Zeitalter positionieren.

Vielen Dank, dass Sie mich auf dieser Reise begleiten. Lassen Sie uns damit beginnen, die Kunst hinter erfolgreicher

Implementierung und Verwaltung von Unternehmenssoftware zu entschlüsseln.

Inhaltsverzeichnis

Einführung 1

Kapitel 1 Verständnis von Unternehmenssoftware 6

Kapitel 2 Planung und Auswahl von Unternehmenssoftware 18

Kapitel 3 Implementierung von Unternehmenssoftware 35

Kapitel 4 Maximierung der Effizienz von Unternehmenssoftware
.... 51

Kapitel 5 Sicherheit und Datenschutz 70

Kapitel 6 Pflege und Aktualisierung von Unternehmenssoftware
.... 90

Kapitel 7 Verwaltung von Geschäftssoftwareprojekten 110

Kapitel 8 Zukünftige Trends in der Unternehmenssoftware 129

Fazit 149

EINFÜHRUNG

In der heutigen schnelllebigen digitalen Landschaft ist Unternehmenssoftware zu einem unverzichtbaren Werkzeug für Organisationen jeder Größe und Branche geworden. Von der Optimierung von Abläufen und der Steigerung der Produktivität bis hin zur Förderung von Innovationen und der Bereitstellung außergewöhnlicher Kundenerlebnisse kann die richtige Software den entscheidenden Unterschied ausmachen. Erfolgreiche Implementierung und Verwaltung von Unternehmenssoftware geht jedoch über den Kauf und die Bereitstellung der neuesten Technologie hinaus; es erfordert einen strategischen Ansatz, sorgfältige Planung und ein tiefes Verständnis für die Kunst hinter Softwareinitiativen.

"Die Kunst der Unternehmenssoftware: Ein umfassender Leitfaden für Erfolg" ist Ihr unverzichtbarer Begleiter auf dem Weg zur Meisterung der Kunst der Implementierung und Verwaltung von Unternehmenssoftware. Ob Sie Unternehmensinhaber, Führungskraft, Projektmanager oder IT-Experte sind, dieser umfassende Leitfaden vermittelt Ihnen das Wissen, die Einblicke und die Strategien, um die komplexe Welt der Unternehmenssoftware effektiv zu navigieren.

Die digitale Transformation, die durch alle Branchen zieht, erfordert eine frische Perspektive auf die Implementierung von Software. Die Zeiten, in denen Software lediglich ein Werkzeug zur Automatisierung war, sind vorbei; sie ist zur Grundlage für Wettbewerbsvorteile und organisches Wachstum geworden.

Während Unternehmen in diesem digitalen Zeitalter bestrebt sind, sich anzupassen und erfolgreich zu sein, ist das Verständnis für die Bedeutung von Unternehmenssoftware in der modernen Landschaft entscheidend.

In den einleitenden Kapiteln dieses Buches beleuchten wir die Bedeutung von Unternehmenssoftware in der modernen digitalen Landschaft. Wir gehen auf die transformative Wirkung ein, die sie auf Organisationen haben kann, indem sie optimierte Abläufe, datengesteuerte Entscheidungsfindung und verbesserte Kundenerlebnisse ermöglicht. Von cloudbasierten Lösungen bis hin zu mobilen Anwendungen enthüllen wir die sich entwickelnden Trends, die die Zukunft der Unternehmenssoftware prägen. Damit sind Sie darauf vorbereitet, aufkommende Technologien zu nutzen und dem Wandel einen Schritt voraus zu sein.

Im Folgenden gehen wir auf die wichtigen Schritte der Planung und Auswahl von Unternehmenssoftware ein. Die Implementierung der richtigen Softwarelösungen erfordert ein tiefes Verständnis für die einzigartigen Bedürfnisse und Anforderungen Ihrer Organisation. Durch umfassende Bewertungen und Machbarkeitsstudien gewinnen Sie Einblicke in den aktuellen Zustand Ihres Unternehmens und identifizieren Softwareoptionen, die mit Ihren Zielen und Zielsetzungen übereinstimmen.

Auch die effektive Übernahme von Software ist ein weiterer wichtiger Aspekt, der in diesem Leitfaden behandelt wird. Die Implementierung von Software geht nicht nur darum, ein neues System einzusetzen; es erfordert einen kulturellen Wandel und die Kunst des Change Managements. Wir erkunden Strategien für effektive Kommunikation, Benutzerschulungen und Stakeholder-Engagement, um einen reibungslosen Übergang zu fördern und die erfolgreiche Übernahme von Software in Ihrer Organisation sicherzustellen.

Anpassung und Optimierung sind entscheidend, um die Effizienz und Wirkung von Unternehmenssoftware zu maximieren. Eine Lösung für alle passt nicht, und die Anpassung von Softwarelösungen an spezifische Geschäftsanforderungen und Workflows ist von großer Bedeutung. Wir gehen auf Techniken zur Anpassung und Konfiguration von Software ein, um Ihnen die Optimierung von Prozessen, die Automatisierung von Aufgaben und die Steigerung der Produktivität zu ermöglichen. Auch die Integration in bestehende Systeme ist wesentlich, und wir bieten Einblicke in die nahtlose Integration von Softwarelösungen zur Schaffung eines einheitlichen Ökosystems.

Die Sicherung und der Schutz von Daten haben in der heutigen digitalen Landschaft oberste Priorität. Angesichts der zunehmenden Bedrohungen im Bereich der Cybersicherheit müssen Unternehmen robuste Sicherheitsmaßnahmen implementieren, um sensible Informationen zu schützen. Wir besprechen bewährte Methoden zum Schutz von Daten, zur Verschlüsselung, zur Zugriffskontrolle und zur Einhaltung von Datenschutzbestimmungen. Durch Priorisierung der Datensicherheit können Sie die Vermögenswerte Ihres Unternehmens schützen und das Vertrauen Ihrer Kunden aufrechterhalten.

Sobald die Software implementiert ist, sind laufende Wartung, Upgrades und Leistungsüberwachung entscheidend für den langfristigen Erfolg. Wir erkunden Strategien zur Aufrechterhaltung der Funktionalität der Software, zur Durchführung regelmäßiger Updates, zur Bewertung von Upgrade-Bedarf sowie zur Verwaltung von Softwarelizenzen und Supportverträgen. Durch die

Anwendung eines proaktiven Ansatzes zur Softwareverwaltung können Sie die Langlebigkeit, Stabilität und Relevanz Ihrer Softwarelösungen sicherstellen.

Effektive Projektmanagementpraktiken sind für erfolgreiche Softwareinitiativen unerlässlich. Wir gehen auf die Prinzipien der Projektplanung, die Definition von Meilensteinen, die Fortschrittsverfolgung, das Risikomanagement und die Förderung einer effektiven Kommunikation mit Stakeholdern ein. Durch die Anwendung dieser Projektmanagementprinzipien können Sie komplexe Softwareprojekte erfolgreich bewältigen, Fristen einhalten und die gewünschten Ergebnisse erzielen.

Abschließend erkunden wir aufkommende Trends in der Branche und deren potenzielle Auswirkungen auf Unternehmenssoftware. Von künstlicher Intelligenz und prädiktiver Analytik bis hin zu cloudbasierten Lösungen und mobilen Anwendungen entwickelt sich die Zukunft der Software stetig weiter. Wir bieten Einblicke in diese Trends, damit Sie informiert bleiben und Ihre Softwarestrategien an die Chancen und Herausforderungen anpassen können, die bevorstehen.

"Die Kunst der Unternehmenssoftware: Ein umfassender Leitfaden für Erfolg" ist nicht nur ein Buch; es ist ein Wegweiser, um die komplexe Welt der Implementierung und Verwaltung von Unternehmenssoftware zu navigieren.

Gefüllt mit realen Beispielen, Fallstudien und Expertenratschlägen verleiht Ihnen dieser Leitfaden die Befähigung, das wahre Potenzial von Software für Ihre Organisation freizusetzen. Durch Nutzung der Kunst hinter Softwareinitiativen können Sie Innovationen vorantreiben, Abläufe optimieren und Ihr

Unternehmen für nachhaltiges Wachstum und Erfolg im digitalen Zeitalter positionieren.

Bereiten Sie sich darauf vor, eine transformative Reise zur Meisterung der Kunst der Implementierung und Verwaltung von Unternehmenssoftware anzutreten. Lassen Sie uns gemeinsam in die Feinheiten dieser aufregenden Landschaft eintauchen und uns mit den Werkzeugen und dem Wissen ausstatten, um Erfolg zu erzielen.

KAPITEL 1
Verständnis von Unternehmenssoftware

Im ersten Kapitel von "Die Kunst der Unternehmenssoftware: Ein umfassender Leitfaden für Erfolg" begeben wir uns auf eine Reise, um unser Verständnis von Unternehmenssoftware zu vertiefen und ihre Bedeutung in der modernen digitalen Landschaft zu erfassen. Wir beginnen damit, eine klare Definition und den Umfang von Unternehmenssoftware bereitzustellen und sie von an Verbraucher gerichteten Softwareanwendungen abzugrenzen. Dadurch gewinnen die Leser eine solide Grundlage und einen umfassenden Überblick über das Thema.

Als nächstes tauchen wir in die verschiedenen Arten von Unternehmenssoftware und ihre spezifischen Anwendungen ein. Wir erkunden die vielfältige Landschaft von Softwarelösungen, die unterschiedlichen Geschäftsbedürfnissen gerecht werden, wie Enterprise Resource Planning (ERP)-Systeme, Customer Relationship Management (CRM)-Software, Projektmanagement-Tools, Buchhaltungs- und Finanzsoftware, Supply Chain Management-Systeme, Human Resources Information Systems (HRIS) und Business Intelligence- und Analytics-Plattformen. Durch das Verständnis dieser verschiedenen Softwaretypen und ihrer jeweiligen Funktionen gewinnen die Leser Einblicke in die Breite und Vielfalt der verfügbaren Optionen, um spezifische organisatorische Anforderungen zu erfüllen.

Nachdem wir die Landschaft der Unternehmenssoftware etabliert haben, untersuchen wir die Vorteile und Herausforderungen, die mit ihrer Nutzung verbunden sind. Wir gehen auf die Vorteile ein, die Unternehmenssoftware Organisationen bringt, darunter gesteigerte Betriebseffizienz und Produktivität, verbesserte Genauigkeit und reduzierte Fehler, erweiterte Datenverwaltung und Berichtsfähigkeiten, optimierte Kommunikation und Zusammenarbeit sowie erleichterte Entscheidungsfindung auf der Grundlage von Echtzeit-Einblicken. Gleichzeitig erkennen wir die Herausforderungen an, denen Organisationen bei der Einführung und Implementierung von Unternehmenssoftware begegnen können, wie anfängliche Implementierungskosten, Integration mit bestehenden Systemen, Datenschutz- und Datensicherheitsbedenken sowie mögliche Widerstände von Nutzern. Durch das Verständnis dieser Vorteile und Herausforderungen können die Leser die Landschaft der Unternehmenssoftware effektiver navigieren und informierte **Entscheidungen treffen.**

Schließlich richten wir unsere Aufmerksamkeit auf die sich entwickelnde Natur der Unternehmenssoftware. Wir erforschen die neuesten Trends und Entwicklungen, die die Softwarebranche prägen, wie cloudbasierte Lösungen und der Aufstieg von Software-as-a-Service (SaaS)-Modellen, die Auswirkungen von mobilen Anwendungen auf Unternehmenssoftware, die Integration von künstlicher Intelligenz und maschinellem Lernen in Softwareautomatisierungs- und Entscheidungsprozesse, die Rolle der Blockchain-Technologie bei der Verbesserung von Sicherheit und Transparenz sowie aufkommende Softwarekategorien und Innovationen. Durch die Diskussion dieser

Trends gewinnen die Leser Einblicke in die sich entwickelnde Natur der Unternehmenssoftware und die potenziellen Chancen und Herausforderungen, die bevorstehen.

Zusammenfassend dient Kapitel 1 als umfassende Einführung in die Welt der Unternehmenssoftware. Es vermittelt den Lesern ein solides Verständnis für die Definition, Arten, Vorteile und Herausforderungen, die mit Unternehmenssoftware verbunden sind. Durch die Schaffung dieses Verständnisses sind die Leser gut darauf vorbereitet, in den folgenden Kapiteln tiefer in Themen wie die Planung und Auswahl von Unternehmenssoftware, die Implementierung und Maximierung der Effizienz von Software, die Sicherheit und den Datenschutz, das Management von Softwareprojekten sowie die Aufnahme zukünftiger Trends einzutauchen. Mit diesem Wissen ausgestattet, sind die Leser in der Lage, die komplexe Landschaft der Unternehmenssoftware zu navigieren und ihr volles Potenzial für den organisatorischen Erfolg zu nutzen.

Unternehmenssoftware bezieht sich auf eine breite Kategorie von Computerprogrammen und Anwendungen, die speziell entwickelt wurden, um verschiedene Aspekte der Geschäftsabläufe zu erleichtern und zu verbessern. Sie umfasst eine breite Palette von Softwarelösungen, die den vielfältigen Bedürfnissen von Organisationen gerecht werden, unabhängig von ihrer Größe oder Branche. Im Gegensatz zu an Verbraucher gerichteter Software wurde Unternehmenssoftware mit dem Hauptziel entwickelt, Effizienz, Produktivität und die allgemeine Leistung im Kontext einer Geschäftsumgebung zu verbessern.

Der Umfang von Unternehmenssoftware ist weitreichend und umfasst eine Vielzahl von Funktionen und Prozessen in verschiedenen Abteilungen und Disziplinen innerhalb einer Organisation. Er umfasst Softwareanwendungen, die Bereiche wie folgt abdecken:

Enterprise Resource Planning (ERP)

ERP-Software integriert und verwaltet Kerngeschäftsprozesse wie Buchhaltung, Personalwesen, Lagerverwaltung, Supply-Chain-Management und Kundenbeziehungsmanagement. Sie bietet ein zentrales System für Daten- und Workflow-Management und ermöglicht es Organisationen, ihre Abläufe zu optimieren, die Zusammenarbeit zu verbessern und die Entscheidungsfindung zu verbessern.

Customer Relationship Management (CRM)

CRM-Software ist darauf ausgelegt, Organisationen bei der effektiven Verwaltung von Interaktionen und Beziehungen zu Kunden zu unterstützen. Sie bietet Tools zur Verfolgung von Kundeninteraktionen, zur Verwaltung von Verkaufspipelines, zur Automatisierung von Marketingkampagnen und zur Generierung von Analysen, um die Kundenbindung und -interaktion zu optimieren.

Projektmanagement

Projektmanagement-Software erleichtert die Planung, Koordination und Durchführung von Projekten innerhalb einer Organisation. Sie hilft Teams bei der Zusammenarbeit, der Zuweisung von Aufgaben, der Verfolgung des Fortschritts, der Ressourcenverwaltung und der Überwachung von Zeitplänen, um sicherzustellen, dass Projekte effizient und im Rahmen des Budgets abgeschlossen werden.

Buchhaltungs- und Finanzsoftware

Buchhaltungssoftware vereinfacht Finanzmanagement-Aufgaben wie Buchführung, Rechnungsstellung, Gehaltsabrechnung und Finanzberichterstattung. Sie automatisiert Berechnungen,

verfolgt Ausgaben, generiert Finanzberichte und stellt die Einhaltung von Steuervorschriften sicher.

Human Resources Information Systems (HRIS)

HRIS-Software optimiert Personalprozesse, einschließlich Mitarbeiter-Onboarding, Anwesenheitsverfolgung, Benefits-Verwaltung, Leistungsmanagement und Verwaltung von Mitarbeiterdaten. Sie ermöglicht Organisationen, HR-Funktionen zu zentralisieren, die Mitarbeiterbindung zu verbessern und strategische Personalplanung zu unterstützen.

Business Intelligence und Analytics

Business-Intelligence-Software sammelt, analysiert und visualisiert Daten, um aussagekräftige Erkenntnisse über die Geschäftsleistung zu liefern. Sie ermöglicht Organisationen datenbasierte Entscheidungen, Identifizierung von Trends, Vorhersagen von Ergebnissen und Optimierung von Abläufen auf Grundlage von handlungsrelevanten Informationen.

Supply Chain Management (SCM)

SCM-Software optimiert den Fluss von Waren und Dienstleistungen in der gesamten Lieferkette, von der Beschaffung bis zur Produktion und Verteilung. Sie hilft Organisationen, Lagerbestände zu verwalten,

Sendungen zu verfolgen, Logistik zu verbessern und die Zusammenarbeit mit Lieferanten und Partnern zu intensivieren.

Der Umfang von Unternehmenssoftware erstreckt sich über diese Beispiele hinaus, da es spezialisierte Softwarelösungen gibt, die auf bestimmte Branchen und Funktionen zugeschnitten sind. Er entwickelt sich weiter, da neue Technologien entstehen, die Organisationen ermöglichen, fortschrittliche Fähigkeiten wie künstliche Intelligenz, maschinelles Lernen, Cloud Computing und mobile Anwendungen zu nutzen, um ihre Abläufe weiter zu verbessern.

Zusammenfassend umfasst die Definition und der Umfang von Unternehmenssoftware eine breite Palette spezialisierter Anwendungen, die dazu dienen, verschiedene Aspekte der Geschäftsabläufe zu unterstützen und zu optimieren. Von ERP- und CRM-Systemen bis hin zu Projektmanagement- und Business Intelligence-Tools spielt Unternehmenssoftware eine wichtige Rolle bei der Steigerung von Effizienz, Produktivität und allgemeinem Erfolg in der heutigen wettbewerbsintensiven Geschäftswelt.

Enterprise Resource Planning (ERP) Software

ERP-Software integriert grundlegende Geschäftsprozesse, einschließlich Finanzen, Personalwesen, Lagerverwaltung, Supply Chain Management und Kundenbeziehungsmanagement. Sie bietet ein zentrales System für die Datenverwaltung, optimiert Abläufe, fördert die Zusammenarbeit und erleichtert die effiziente Ressourcennutzung.

Customer Relationship Management (CRM) Software

CRM-Software hilft Unternehmen bei der Verwaltung von Kundeninteraktionen, Verkaufsprozessen und Marketingkampagnen. Sie ermöglicht Organisationen, Kundendaten zu verfolgen, den Kundenservice zu verbessern, Verkaufspipelines zu automatisieren, das Kundenverhalten zu analysieren und langanhaltende Kundenbeziehungen aufzubauen.

Projektmanagementsoftware

Projektmanagementsoftware unterstützt bei der Planung, Organisation und Durchführung von Projekten innerhalb einer Organisation. Sie stellt Werkzeuge für die Aufgabenverwaltung, Zusammenarbeit, Ressourcenzuweisung, Terminplanung und Fortschrittsverfolgung bereit. Sie hilft Teams, organisiert zu bleiben, Fristen einzuhalten und eine erfolgreiche Projektabschluss sicherzustellen.

Buchhaltungssoftware

Buchhaltungssoftware vereinfacht Finanzverwaltungsaufgaben wie Buchhaltung, Rechnungsstellung, Gehaltsabrechnung und Finanzberichterstattung. Sie automatisiert finanzielle Berechnungen, verfolgt Ausgaben, generiert Finanzberichte und stellt die Einhaltung von Rechnungslegungsstandards und Steuervorschriften sicher.

Personalmanagementsysteme (HRMS)

HRMS-Software unterstützt verschiedene HR-Funktionen, darunter die Verwaltung von Mitarbeiterdaten, Gehaltsabrechnung, Benefits-Verwaltung, Leistungsmanagement, Zeit- und Anwesenheitsverfolgung und Personalbeschaffung. Sie hilft, HR-Prozesse zu optimieren, die Mitarbeiterbindung zu verbessern und die Einhaltung von Arbeitsvorschriften sicherzustellen.

Business Intelligence (BI) und Analyse-Software

BI- und Analyse-Software ermöglichen Organisationen die Sammlung, Analyse und Visualisierung von Daten, um Einblicke in die Geschäftsleistung zu erhalten. Sie unterstützt datenbasierte Entscheidungsfindung, identifiziert Trends und Muster, stellt Dashboards und Berichte bereit und erleichtert die strategische Planung und Prognose.

Supply Chain Management (SCM) Software

SCM-Software optimiert den Fluss von Waren und Dienstleistungen entlang der Lieferkette. Sie umfasst Module für Beschaffung, Lagerverwaltung, Bedarfsprognose, Auftragsabwicklung und Logistik. SCM-Software hilft Organisationen, Effizienz zu verbessern, Kosten zu senken und die Zusammenarbeit mit Lieferanten und Partnern zu stärken.

Kommunikations- und Kollaborationssoftware

Kommunikations- und Kollaborationssoftware umfasst Tools für E-Mail, Instant Messaging, Videokonferenzen, Dokumentenaustausch und Projektzusammenarbeit. Sie unterstützt Teams dabei, effektiv zu kommunizieren, in Echtzeit zusammenzuarbeiten und Informationen nahtlos zu teilen.

E-Commerce-Plattformen

E-Commerce-Plattformen ermöglichen es Unternehmen, Online-Shops einzurichten und zu verwalten, Online-Transaktionen abzuwickeln und Inventar- sowie Kundenaufträge zu verwalten. Sie bieten Funktionen für die Verwaltung von Produktkatalogen, die Funktionalität des Einkaufswagens, sichere Zahlungsabwicklung und Auftragsabwicklung.

Geschäftsprozessmanagement (BPM) Software

BPM-Software unterstützt Organisationen bei der Modellierung, Automatisierung und Optimierung ihrer Geschäftsprozesse. Sie ermöglicht Unternehmen, Workflows zu dokumentieren, Routineaufgaben zu automatisieren, Fortschritt zu verfolgen und Prozesseffizienz zu analysieren, um operative Verbesserungen zu erzielen.

Dies sind nur einige Beispiele für die vielen Arten von Unternehmenssoftware, die verfügbar sind. Da die Technologie weiter voranschreitet, entstehen neue Softwarekategorien und spezialisierte Lösungen, um spezifische Branchenbedürfnisse und Herausforderungen anzugehen. Die richtigen Softwarelösungen auszuwählen und sie effektiv in die Geschäftsprozesse zu integrieren, kann die Effizienz, Produktivität und Wettbewerbsfähigkeit in der heutigen dynamischen Geschäftswelt erheblich steigern.

Unternehmenssoftware bietet mehrere Vorteile, die zur Steigerung von Effizienz, Produktivität und Wettbewerbsfähigkeit beitragen. Sie stellt jedoch auch bestimmte Herausforderungen dar, die Organisationen für eine erfolgreiche Implementierung und Nutzung angehen müssen. Schauen wir uns die Vorteile und Herausforderungen der Nutzung von Unternehmenssoftware genauer an:

Vorteile der Nutzung von Unternehmenssoftware
Gesteigerte Betriebseffizienz

Unternehmenssoftware automatisiert manuelle Aufgaben, optimiert Prozesse und reduziert menschliche Fehler, was zu verbesserter Effizienz und Produktivität führt. Sie eliminiert repetitive und zeitaufwändige

Tätigkeiten und ermöglicht es den Mitarbeitern, sich auf wertvollere Aufgaben zu konzentrieren.

Verbesserte Entscheidungsfindung

Unternehmenssoftware ermöglicht den Zugang zu Echtzeitdaten und Analysen, was fundierte Entscheidungsfindung ermöglicht. Sie generiert Berichte, Visualisierungen und Erkenntnisse, die bei der Bewertung der Leistung, der

Identifizierung von Trends und der Vorhersage von Ergebnissen helfen. Datengesteuerte Entscheidungsfindung führt zu besseren strategischen Entscheidungen.

Geförderte Zusammenarbeit und Kommunikation

Unternehmenssoftware enthält oft Kollaborationstools und zentrale Plattformen für die Kommunikation. Sie erleichtert die effektive Zusammenarbeit im Team, den Wissensaustausch und die nahtlose Kommunikation zwischen Abteilungen und Standorten. Dies fördert die Zusammenarbeit, verbessert das Teamwork und beschleunigt die Projektabschluss.

Besseres Kundenbeziehungsmanagement

Customer Relationship Management-Software hilft Unternehmen dabei, Kundenbedürfnisse zu verstehen, Interaktionen zu verfolgen und personalisierte Erlebnisse zu bieten. Sie ermöglicht Organisationen die Verwaltung von Kundendaten, die Automatisierung von Verkaufsprozessen und die Bereitstellung außergewöhnlichen Kundenservice, was zu erhöhter Kundenzufriedenheit und -bindung führt.

Optimierte Geschäftsprozesse

Unternehmenssoftware standardisiert und automatisiert Arbeitsabläufe, um konsistente und effiziente Prozesse sicherzustellen. Sie reduziert manuelle Fehler, beseitigt überflüssige Schritte und ermöglicht die Optimierung von Geschäftsprozessen, was zu gesteigerter Produktivität und Kosteneinsparungen führt.

Herausforderungen bei der Nutzung von Unternehmenssoftware

Implementierungskosten und Komplexität

Die Implementierung von Unternehmenssoftware erfordert oft erhebliche Vorabinvestitionen in Lizenzen, Hardware und Infrastruktur. Sie kann auch Schulungen für Mitarbeiter und die Anpassung bestehender Prozesse beinhalten, was komplex und zeitaufwändig sein kann.

Integration mit bestehenden Systemen

Die Integration neuer Software in bestehende Systeme kann herausfordernd sein, insbesondere bei älteren oder maßgeschneiderten Systemen. Ein reibungsloser Datenfluss und die Kompatibilität zwischen verschiedenen Softwareanwendungen zu gewährleisten, erfordert sorgfältige Planung und technisches Know-how.

Datensicherheit und Datenschutzbedenken

Unternehmenssoftware beinhaltet die Speicherung und Verarbeitung sensibler Unternehmens- und Kundendaten. Die Gewährleistung von Datensicherheit und Datenschutz ist entscheidend, um Sicherheitsverletzungen, unbefugten Zugriff und Datenverlust zu verhindern. Organisationen müssen robuste Sicherheitsmaßnahmen umsetzen und Datenschutzvorschriften einhalten.

Nutzerwiderstand und Change-Management

Die Einführung neuer Software kann auf Widerstand von Mitarbeitern stoßen, die an bestehende Prozesse gewöhnt sind. Bemühungen im Change-Management, einschließlich Schulungen, Kommunikation und Berücksichtigung von Nutzerbedenken, sind wesentlich, um einen reibungslosen Übergang zu erleichtern und die Akzeptanz der Nutzer zu gewinnen.

Systemausfall und technische Probleme

Unternehmenssoftware kann wie jede Technologie Ausfallzeiten, Softwarefehler oder technische Störungen aufweisen. Organisationen müssen Notfallpläne, technischen Support und Wartungsprozesse haben, um Störungen zu minimieren und Probleme zeitnah zu lösen.

Durch das Erkennen und Bewältigen dieser Herausforderungen können Organisationen die vollen Vorteile von Unternehmenssoftware nutzen und potenzielle Risiken minimieren. Gründliche Planung, effektives Change-Management, laufende Schulungen und robuster technischer Support tragen zu erfolgreicher Implementierung und Nutzung von Unternehmenssoftware-Lösungen bei.

KAPITEL 2
Planung und Auswahl von Unternehmenssoftware

Im Kapitel 2 von "Die Kunst der Unternehmenssoftware: Ein umfassender Leitfaden für Erfolg" tauchen wir in den entscheidenden Prozess der Planung und Auswahl der richtigen Software für Ihre Organisation ein. Dieses Kapitel vermittelt den Lesern das Wissen und die Strategien, die benötigt werden, um die Komplexitäten bei der Auswahl der geeignetsten Unternehmenssoftwarelösungen zu bewältigen.

Wir beginnen damit, die Bedeutung des gründlichen Verständnisses und der Definition Ihrer Unternehmensanforderungen zu betonen. Durch eine umfassende Bewertung der Prozesse, Schmerzpunkte und Ziele Ihrer Organisation können Sie die spezifischen Bereiche identifizieren, in denen Software den größten Mehrwert bieten kann. Diese Analyse legt den Grundstein für die Auswahl von Software, die mit Ihren einzigartigen Geschäftszielen übereinstimmt.

Als nächstes führen wir die Leser durch den Prozess der Durchführung einer Machbarkeitsstudie. Dies beinhaltet die Bewertung der technischen, betrieblichen, finanziellen und strategischen Aspekte der Implementierung neuer Softwarelösungen. Durch eine gründliche Bewertung von Faktoren wie Budget, Ressourcenverfügbarkeit, technischer Fähigkeiten und potenziellem Return on Investment können Organisationen informierte Entscheidungen über die Softwareimplementierung treffen.

Das Kapitel geht dann auf den Bewertungs- und Auswahlprozess ein. Wir bieten den Lesern wichtige Überlegungen und bewährte Praktiken zur Bewertung von Softwareoptionen. Dies umfasst die Identifizierung kritischer Funktionen, die Prüfung von Skalierbarkeit und Flexibilität, die Bewertung des Rufes und der Unterstützung des Anbieters sowie die Berücksichtigung von Faktoren wie Integrationsfähigkeiten und zukünftigen Upgrade-Pfaden.

Um den Auswahlprozess zu erleichtern, untersuchen wir die Bedeutung der Bildung eines Software-Auswahlteams, das aus Stakeholdern verschiedener Abteilungen innerhalb der Organisation besteht. Die Einbindung von Personen mit unterschiedlichen Perspektiven und Fachkenntnissen gewährleistet eine umfassende Bewertung der Softwareoptionen und verbessert die Wahrscheinlichkeit der Auswahl einer Lösung, die die Bedürfnisse aller Stakeholder erfüllt.

Darüber hinaus besprechen wir die Bedeutung der Durchführung von Software-Demonstrationen und -Tests zur Beurteilung der Benutzerfreundlichkeit, der Benutzererfahrung und der Kompatibilität mit bestehenden Systemen. Dieser praktische Ansatz ermöglicht es Organisationen, aus erster Hand Erfahrungen zu sammeln und zu bewerten, wie die Software in ihrer spezifischen Umgebung funktionieren wird.

Des Weiteren betonen wir den Wert der Einholung von Referenzen und die Durchführung einer sorgfältigen Prüfung von Software-

Anbietern. Durch das Sammeln von Feedback von aktuellen Nutzern, die Überprüfung von Anbieterreferenzen und die Untersuchung von Testimonials oder Fallstudien können Organisationen Einblicke in die Zuverlässigkeit, den Kundensupport und den allgemeinen Ruf potenzieller Softwareanbieter erhalten.

Abschließend bieten wir Anleitung zur endgültigen Entscheidung und zur Verhandlung von Verträgen mit ausgewählten Anbietern. Dies umfasst Überlegungen wie Preismodelle, Lizenzvereinbarungen, Support- und Wartungsbedingungen, Implementierungszeitpläne und Service-Level-Vereinbarungen. Durch sorgfältige Prüfung und Verhandlung dieser Aspekte können Organisationen eine erfolgreiche und gegenseitig vorteilhafte Partnerschaft mit dem ausgewählten Softwareanbieter sicherstellen.

Zusammenfassend dient Kapitel 2 als umfassender Leitfaden für die Planung und Auswahl von Unternehmenssoftware. Durch das Verständnis der Bedeutung der Bewertung von Geschäftsbedürfnissen, der Durchführung von Machbarkeitsstudien, der Bewertung von Softwareoptionen und der Einbindung wichtiger Stakeholder können Organisationen informierte Entscheidungen treffen, die Softwarelösungen mit ihren strategischen Zielen in Einklang bringen. Das Kapitel vermittelt den Lesern praktische Ratschläge und bewährte Praktiken für die Navigation im Softwareauswahlprozess und gewährleistet die erfolgreiche Einführung von Softwarelösungen, die den organisatorischen Erfolg vorantreiben.

Bewertung von Geschäftsbedürfnissen und Anforderungen

Einer der grundlegenden Schritte bei der Planung und Auswahl von Unternehmenssoftware ist die Bewertung der Bedürfnisse und Anforderungen Ihrer Organisation. Dieser Prozess umfasst das umfassende Verständnis Ihrer aktuellen Betriebsabläufe, Schmerzpunkte und Ziele, um die spezifischen Bereiche zu identifizieren, in denen Software den größten Mehrwert bieten kann. Hier untersuchen wir die Bedeutung der Bewertung von Geschäftsbedürfnissen und bieten Anleitung für eine effektive Bewertung.

Zuallererst ist es entscheidend, wichtige Stakeholder aus verschiedenen Abteilungen und Hierarchieebenen Ihrer Organisation einzubeziehen. Dadurch wird sichergestellt, dass eine breite Palette von Perspektiven und Einblicken im Bewertungsprozess berücksichtigt wird. Durch die Einbindung von Personen, die direkt von der Software betroffen sind oder ein tiefes Verständnis für die Arbeitsabläufe der Organisation haben, können vielfältige Anforderungen erfasst und eine größere Zustimmung während der Implementierung erzielt werden.

Beginnen Sie damit, Ihre bestehenden Geschäftsprozesse zu kartieren. Dokumentieren Sie die Schritte in

wichtigen Arbeitsabläufen, identifizieren Sie Schmerzpunkte und ermitteln Sie Bereiche, die Verbesserungspotenzial haben. Dieser Prozess bietet ein klares Bild davon, wie Ihre Organisation derzeit arbeitet, und dient als Grundlage für die Identifizierung von Softwarefunktionalitäten, die diese Prozesse optimieren und verbessern können.

Als nächstes definieren Sie Ihre spezifischen Ziele und Ziele für die Implementierung neuer Software. Welche gewünschten Ergebnisse sollen erzielt werden? Zielen Sie darauf ab, die betriebliche Effizienz zu verbessern, den Kundenservice zu optimieren, den Umsatz zu steigern oder finanzielle Prozesse zu optimieren? Durch die klare Definition Ihrer Ziele können Sie sich darauf konzentrieren, Softwarelösungen auszuwählen, die diese Ziele unterstützen und die erforderlichen Funktionen und Fähigkeiten bieten, um sie zu erreichen.

Berücksichtigen Sie die Skalierbarkeit und Flexibilität Ihrer Organisation. Bewerten Sie, ob die Software das Wachstum und die Expansion unterstützen soll, steigende Datenvolumina bewältigen kann oder sich an sich ändernde Geschäftsanforderungen anpassen kann. Die Antizipation zukünftiger Bedürfnisse hilft Ihnen, Software auszuwählen, die sich anpassen und skalieren kann, wenn sich Ihre Organisation weiterentwickelt, um häufige Softwareaustausche zu vermeiden.

Ein weiterer kritischer Aspekt ist die Berücksichtigung der Integrationsanforderungen mit Ihren bestehenden Systemen und Infrastrukturen. Bewerten Sie, wie die neue Software mit Ihrer aktuellen Technologiestack, Datenbanken und Tools interagieren wird. Bestimmen Sie, ob die Software nahtlos mit Ihren Systemen integriert werden kann, um einen reibungslosen Datenfluss zu gewährleisten und Unterbrechungen zu minimieren.

Während der Bewertung ist es wichtig, Endbenutzer einzubeziehen, die die Software täglich nutzen werden. Holen Sie sich ihre Meinung ein, um ihre Schmerzpunkte, Herausforderungen und Anforderungen zu verstehen. Dies gewährleistet nicht nur, dass ihre Bedürfnisse berücksichtigt werden, sondern hilft auch bei der Förderung der Benutzerakzeptanz und der Bewältigung potenzieller Widerstände während des Implementierungsprozesses.

Berücksichtigen Sie auch eventuelle branchenspezifische Compliance-Anforderungen oder Vorschriften, denen Ihre Organisation entsprechen muss. Bestimmte Branchen wie Gesundheitswesen oder Finanzen haben spezifische Datenschutz- und Datenschutzvorschriften. Stellen Sie sicher, dass die Software mit diesen Anforderungen übereinstimmt und die erforderlichen Sicherheitsvorkehrungen zum Schutz sensibler Informationen bietet.

Bewerten Sie schließlich das Budget und die Ressourcen, die für die Implementierung der Software zur Verfügung stehen. Ermitteln Sie die erforderliche finanzielle Investition, einschließlich Lizenzkosten, Implementierungsgebühren und laufenden Wartungskosten. Berücksichtigen Sie die Verfügbarkeit interner Ressourcen wie IT-Mitarbeiter oder Berater, die bei der Implementierung und laufenden Unterstützung unterstützen können.

Durch die gründliche Bewertung der Bedürfnisse und Anforderungen Ihrer Organisation, die Einbindung wichtiger Stakeholder, die Kartierung von Prozessen, die Definition von Zielen, die Berücksichtigung von Skalierbarkeit, Integration, Benutzerperspektiven, Branchenkonformität und Budget können Sie eine solide Grundlage für die Auswahl von Unternehmenssoftware schaffen, die effektiv auf die einzigartigen Bedürfnisse Ihrer Organisation eingeht und zum allgemeinen Erfolg beiträgt.

Durchführung einer Machbarkeitsstudie

Nachdem Sie die Bedürfnisse Ihrer Organisation bewertet und potenzielle Softwarelösungen identifiziert haben, ist der nächste entscheidende Schritt die Durchführung einer Machbarkeitsstudie. Diese Studie bewertet die technischen, betrieblichen, finanziellen und strategischen Aspekte der Implementierung der ausgewählten Software. Durch eine umfassende Machbarkeitsstudie können Sie informierte Entscheidungen über die Softwareimplementierung treffen und deren Erfolg sicherstellen. Hier erkunden wir die wichtigsten Komponenten einer Machbarkeitsstudie und bieten Anleitung für ihre effektive Durchführung.

Technische Machbarkeit

Bewerten Sie die technische Machbarkeit der Softwareimplementierung, indem Sie Faktoren wie die Kompatibilität mit bestehenden Systemen, Hardware- und Infrastrukturanforderungen sowie die technische Expertise in Ihrer Organisation analysieren. Ermitteln Sie, ob die Software reibungslos in Ihre aktuelle Technologiestack integriert werden kann und ob Ihr IT-Team über die erforderlichen Fähigkeiten zur Unterstützung der Implementierung verfügt.

Betriebliche Machbarkeit

Bewerten Sie die betriebliche Machbarkeit der Software, indem Sie prüfen, wie sie sich mit den Arbeitsabläufen und Prozessen Ihrer Organisation in Einklang bringt. Überlegen Sie, ob die Software die Abläufe effektiv optimieren, die Produktivität steigern und die gewünschten Ergebnisse liefern kann. Identifizieren Sie mögliche

Störungen oder Herausforderungen, die während des Implementierungsprozesses auftreten können, und bestimmen Sie, wie sie gemildert werden können.

Finanzielle Machbarkeit

Bewerten Sie die finanzielle Machbarkeit, indem Sie die Kosten analysieren, die mit der Implementierung und Wartung der Software verbunden sind. Berücksichtigen Sie die Lizenzgebühren, Implementierungskosten, Hardware-Upgrades, Schulungskosten und laufende Unterstützungs- und Wartungsgebühren. Evaluieren Sie den potenziellen Return on Investment (ROI) und bestimmen Sie, ob die finanziellen Vorteile die Kosten langfristig überwiegen.

Strategische Machbarkeit

Analysieren Sie die strategische Machbarkeit, indem Sie die Implementierung der Software mit den Gesamtzielen und Strategien Ihrer Organisation abstimmen. Ermitteln Sie, ob die Software Ihre strategischen Ziele unterstützt, die Wettbewerbsfähigkeit steigert und einen nachhaltigen Wettbewerbsvorteil bietet. Bewerten Sie, wie die Software in Ihre langfristigen Pläne passt und ob sie mit den sich wandelnden Bedürfnissen Ihrer Organisation übereinstimmt.

Risikobewertung

Identifizieren Sie potenzielle Risiken und Herausforderungen, die während des Implementierungsprozesses auftreten können. Berücksichtigen Sie Faktoren wie Datensicherheitsrisiken, Systemausfallzeiten, Benutzerwiderstand und Zuverlässigkeit des Anbieters. Bewerten Sie die Schwere und Auswirkungen dieser Risiken und entwickeln Sie Maßnahmen zur Minimierung ihrer Auswirkungen auf die Implementierung.

Stakeholder-Analyse

Berücksichtigen Sie die Perspektiven und Interessen der wichtigen Stakeholder, die von der Softwareimplementierung betroffen sein werden. Identifizieren Sie ihre Bedürfnisse, Bedenken und Erwartungen. Binden Sie Stakeholder durch Umfragen, Interviews und Workshops ein, um sicherzustellen, dass ihre Eingaben im Entscheidungsprozess berücksichtigt werden. Die frühzeitige Berücksichtigung von Stakeholder-Bedenken kann die Zustimmung erhöhen und die Implementierung erleichtern.

Dokumentation und Berichterstattung

Dokumentieren Sie alle Ergebnisse, Analysen und Schlussfolgerungen aus der Machbarkeitsstudie in einem umfassenden Bericht. Dieser Bericht dient als Referenz für Entscheidungsfindung und bietet Transparenz und Dokumentation während des Implementierungsprozesses. Kommunizieren Sie die Ergebnisse der Machbarkeitsstudie klar an wichtige Stakeholder, um sicherzustellen, dass sie die Auswirkungen und Vorteile der Softwareimplementierung verstehen.

Durch die Durchführung einer gründlichen Machbarkeitsstudie können Sie die technische, betriebliche, finanzielle und strategische Machbarkeit der Implementierung der ausgewählten Software bewerten. Diese Studie liefert wertvolle Erkenntnisse, die die Entscheidungsfindung informieren und es Organisationen ermöglichen, potenzielle Herausforderungen vorherzusehen und anzugehen, was die Chancen für eine erfolgreiche Softwareimplementierung erhöht, die sich mit den Zielen der Organisation deckt und zu ihrem Gesamterfolg beiträgt.

Evaluierung verschiedener Softwareoptionen

Nachdem Sie eine Machbarkeitsstudie durchgeführt und die Bedürfnisse Ihrer Organisation definiert haben, ist der nächste Schritt im Softwareauswahlprozess die Bewertung verschiedener Softwareoptionen. Diese Evaluierungsphase ist entscheidend, da sie es ermöglicht, verschiedene Lösungen zu vergleichen und zu bewerten, um die beste Passform für Ihre Organisation zu best

immen. Hier erkunden wir wichtige Überlegungen und bewährte Verfahren für die effektive Bewertung verschiedener Softwareoptionen.

Identifizieren Sie wichtige Funktionen und Funktionalitäten

Beginnen Sie damit, die wichtigen Funktionen und Funktionalitäten zu identifizieren, die für die Bewältigung der Bedürfnisse Ihrer Organisation unerlässlich sind. Erstellen Sie eine Liste spezifischer Anforderungen und priorisieren Sie diese nach ihrer Bedeutung. Dies stellt sicher, dass Sie sich auf Lösungen konzentrieren, die die erforderlichen Fähigkeiten bieten, um Ihre Betriebsabläufe zu unterstützen und Ihre Ziele zu erreichen.

Skalierbarkeit und Flexibilität

Berücksichtigen Sie die Skalierbarkeit und Flexibilität der Softwareoptionen. Bewerten Sie, ob sie das Wachstum Ihrer Organisation und sich ändernde Anforderungen bewältigen können. Bestimmen Sie, ob die Software mit Ihrem Unternehmen skalieren, steigende Datenvolumina bewältigen und sich an sich ändernde Anforderungen anpassen kann.

Dies stellt sicher, dass die Software die langfristigen Ziele Ihrer Organisation unterstützen und zukünftige Expansion ermöglichen kann.

Integrationsfähigkeiten

Bewerten Sie die Integrationsfähigkeiten jeder Softwareoption. Überlegen Sie, wie gut die Software mit Ihren bestehenden Systemen, Datenbanken und Tools integriert werden kann. Beurteilen Sie, ob sie nahtlos Daten und Informationen mit anderen Anwendungen austauschen kann, um eine reibungslose Interoperabilität zu gewährleisten. Robuste Integrationsfähigkeiten verhindern Datensilos und ermöglichen einen effizienten Datenfluss innerhalb Ihrer Organisation.

Benutzererfahrung und Benutzerfreundlichkeit

Bewerten Sie die Benutzererfahrung und Benutzerfreundlichkeit jeder Softwareoption. Überlegen Sie, wie intuitiv und benutzerfreundlich die Benutzeroberfläche ist. Suchen Sie nach Software, die die Lernkurve minimiert und eine angenehme Benutzererfahrung bietet. Führen Sie Software-Demonstrationen durch oder fordern Sie Tests an, um aus erster Hand Erfahrungen zu sammeln und zu bewerten, wie leicht sich Ihr Team an die Software anpassen und sie nutzen kann.

Ruf des Anbieters und Unterstützung

Recherchieren und bewerten Sie den Ruf und die Glaubwürdigkeit von Softwareanbietern. Berücksichtigen Sie Faktoren wie die Erfahrung des Anbieters, die Präsenz in der Branche und Kundenbewertungen. Suchen Sie nach Anbietern, die eine Erfolgsbilanz bei der Bereitstellung zuverlässiger und qualitativ hochwertiger Softwarelösungen haben. Zusätzlich bewerten Sie das Maß an Unterstützung und Kundenservice, das vom Anbieter angeboten wird, um sicherzustellen, dass Sie bei Bedarf zeitnahe Unterstützung erhalten.

Gesamtbetriebskosten

Berücksichtigen Sie die Gesamtbetriebskosten (Total Cost of Ownership, TCO) jeder Softwareoption. Bewerteten Sie nicht nur die anfänglichen Kosten, sondern auch laufende Ausgaben wie Lizenzgebühren, Support- und Wartungsgebühren sowie eventuelle zusätzliche Kosten für Anpassung oder Integration. Vergleichen Sie die TCO verschiedener Optionen, um sicherzustellen, dass sie Ihrem Budget entsprechen und einen zufriedenstellenden ROI bieten.

Zukünftige Upgrade-Pfade und Roadmap

Bewerten Sie die zukünftigen Upgrade-Pfade und die Roadmap der Softwareoptionen. Überlegen Sie, wie oft der Anbieter Aktualisierungen und neue Funktionen veröffentlicht. Evaluieren Sie die Verpflichtung zur Anpassung an aktuelle Branchentrends und sich entwickelnde Technologien. Suchen Sie nach Software, die eine klare Produkt-Roadmap bietet und kontinuierliche Entwicklung und Verbesserungen signalisiert, um den sich wandelnden Bedürfnissen Ihrer Organisation gerecht zu werden.

Referenzen und Fallstudien

Fordern Sie Referenzen von den Softwareanbietern an und sprechen Sie mit deren bestehenden Kunden. Dadurch können Sie Feedback zur Leistung der Software, Zuverlässigkeit und Anbieterunterstützung erhalten. Überprüfen Sie außerdem Fallstudien oder Erfolgsgeschichten, um zu verstehen, wie andere Organisationen von der Implementierung der Software profitiert haben. Erkenntnisse aus Referenzen und

Fallstudien bieten wertvolle Erfahrungen aus der realen Welt, um Ihren Entscheidungsprozess zu informieren.

Durch eine gründliche Bewertung verschiedener Softwareoptionen anhand von Schlüsselmerkmalen, Skalierbarkeit, Integrationsfähigkeiten, Benutzererfahrung, Anbieterreputation, Gesamtbetriebskosten, zukünftigen Upgrade-Pfaden und Referenzen können Sie eine informierte Entscheidung treffen. Es ist wichtig, Schlüsselinteressengruppen in den Bewertungsprozess einzubeziehen und deren Perspektiven und Anforderungen zu berücksichtigen. Denken Sie daran, dass die Auswahl der richtigen Softwarelösung sorgfältige Überlegung und Analyse erfordert, um eine erfolgreiche Implementierung zu gewährleisten, die den Bedürfnissen Ihrer Organisation gerecht wird und zu ihrem Gesamterfolg beiträgt.

Informierte Entscheidungen treffen und die richtige Software auswählen

Die Auswahl der richtigen Software für Ihre Organisation ist eine entscheidende Wahl, die sich erheblich auf Ihre Abläufe und den Gesamterfolg auswirken kann. Durch eine systematische Herangehensweise und Berücksichtigung wichtiger Faktoren können Sie informierte Entscheidungen treffen und die Software auswählen, die am besten zu den Bedürfnissen Ihrer Organisation passt. Hier erkunden wir bewährte Verfahren für die Auswahl der richtigen Software und die Sicherstellung einer erfolgreichen Implementierung.

Bewertung der Übereinstimmung mit den Geschäftsbedürfnissen

Überprüfen Sie die Bedürfnisse und Anforderungen Ihrer Organisation im Detail und berücksichtigen Sie die Ergebnisse Ihrer Bewertung und Machbarkeitsstudie. Stellen Sie sicher, dass die Softwarelösung eng mit Ihren spezifischen Geschäftsbedürfnissen übereinstimmt und die von Ihnen identifizierten Problemstellen anspricht. Priorisieren Sie die Softwareoptionen, die die umfassendste Abdeckung Ihrer Anforderungen bieten.

Einbeziehung wichtiger Interessengruppen

Beteiligen Sie wichtige Interessengruppen aus verschiedenen Abteilungen am Entscheidungsprozess. Dazu gehören Endbenutzer, Manager, IT-Personal und Führungskräfte. Jede Interessengruppe kann einzigartige Perspektiven und Anforderungen haben. Die Einbeziehung von ihnen in den Evaluierungs- und Entscheidungsprozess fördert die Zustimmung, verbessert die Benutzerakzeptanz und stellt sicher, dass die ausgewählte Software die Bedürfnisse aller Interessengruppen erfüllt.

Führen Sie Software-Demonstrationen und Tests durch

Fordern Sie von den ausgewählten Anbietern Software-Demonstrationen an. Diese Präsentationen bieten die Möglichkeit, die Benutzeroberfläche, die Funktionalität und die Benutzerfreundlichkeit der Software zu bewerten. Wenn möglich, fordern Sie Tests oder Pilotprogramme an, um die Software in einer realen Umgebung zu testen. Diese praktischen Erfahrungen ermöglichen es Ihnen zu bewerten, wie gut die Software mit Ihren Arbeitsabläufen in Einklang steht und ob sie Ihre Erwartungen erfüllt.

Berücksichtigen Sie Integration und Skalierbarkeit

Bewerten Sie, wie gut die Software mit Ihren bestehenden Systemen und Datenbanken integriert. Ermitteln Sie, ob sie die Flexibilität bietet, sich zu skalieren und anzupassen, wenn Ihre Organisation wächst und sich weiterentwickelt. Beachten Sie potenzielle zukünftige Integrationsbedürfnisse und stellen Sie sicher, dass die Software nahtlos mit anderen für Ihre Geschäftsprozesse wichtigen Anwendungen verbunden werden kann.

Bewertung von Anbieterunterstützung und -reputation

Recherchieren Sie den Ruf und die Zuverlässigkeit der Softwareanbieter. Berücksichtigen Sie Faktoren wie deren Branchenerfahrung, Kundenbewertungen und Erfolgsbilanz bei der Bereitstellung zeitnaher und effektiver Unterstützung. Evaluieren Sie die Verpflichtung des Anbieters zur laufenden Unterstützung, einschließlich regelmäßiger Aktualisierungen, Fehlerbehebungen und Kundenunterstützung. Wählen Sie einen Anbieter, der für seine kundenorientierte Herangehensweise und langfristige Partnerschaft bekannt ist.

Überprüfen der Gesamtbetriebskosten (Total Cost of Ownership, TCO)

Berücksichtigen Sie die Gesamtbetriebskosten (TCO) der Software, einschließlich der anfänglichen Kosten, laufender Lizenzgebühren, Support- und Wartungsgebühren, Schulungsausgaben sowie potenzieller Anpassungs- oder Integrationskosten. Vergleichen Sie die TCO verschiedener Optionen und bewerten Sie ihren Wert in Bezug auf die Vorteile und den ROI, den sie bieten. Stellen Sie sicher, dass die ausgewählte Software in Ihr Budget passt und einen zufriedenstellenden Return on Investment bietet.

Suchen Sie nach Referenzen und Fallstudien

Fordern Sie Referenzen von den Softwareanbietern an und kontaktieren Sie deren bestehende Kunden. Holen Sie Feedback zu deren Erfahrungen mit der Software ein, einschließlich des Implementierungsprozesses, der Anbieterunterstützung und der allgemeinen Zufriedenheit. Überprüfen Sie Fallstudien oder Erfolgsgeschichten, um zu verstehen, wie ähnliche Organisationen von der Verwendung der Software profitiert haben. Erkenntnisse aus Referenzen und Fallstudien können dazu beitragen, die Aussagen des Anbieters zu validieren und wertvolle Perspektiven aus der realen Welt zu bieten.

Treffen Sie eine gut informierte Entscheidung

Basierend auf der Bewertung, den Rückmeldungen der Interessengruppen, dem Ruf des Anbieters, der TCO-Analyse und den Referenzen treffen Sie eine gut informierte Entscheidung. Wählen Sie die Software aus, die am besten zu den Bedürfnissen Ihrer Organisation passt, Zuverlässigkeit und Skalierbarkeit zeigt, robuste Unterstützung bietet und gut zu Ihren langfristigen Zielen und Ihrer strategischen Vision passt. Dokumentieren Sie den Entscheidungsprozess, einschließlich der Begründung für die Auswahl, um Transparenz sicherzustellen und eine Aufzeichnung der Entscheidung für zukünftige Referenzen zu haben.

Indem Sie diese bewährten Verfahren befolgen und eine gründliche Bewertung durchführen, können Sie die richtige Software auswählen, die den Bedürfnissen Ihrer Organisation entspricht und den Weg für eine erfolgreiche Implementierung ebnet. Denken Sie daran, dass die Auswahl der Software ein iterativer Prozess ist, der Zusammenarbeit, Recherche und sorgfältige Überlegung erfordert. Mit einer gut informierten Entscheidung können Sie die ausgewählte Software optimal nutzen und die Ziele Ihrer Organisation erreichen.

KAPITEL 3

Implementierung von Unternehmenssoftware

Im Kapitel 3 von "Die Kunst der Unternehmenssoftware: Ein umfassender Leitfaden für Erfolg" widmen wir uns der entscheidenden Phase der Implementierung von Unternehmenssoftware. Dieses Kapitel konzentriert sich auf die praktischen Aspekte der erfolgreichen Einführung und Integration der ausgewählten Softwarelösung in die Abläufe Ihrer Organisation. Durch die Einhaltung bewährter Verfahren und effektiver Strategien können Sie die Vorteile der Software maximieren und einen reibungslosen Implementierungsprozess sicherstellen.

Wir beginnen damit, die Bedeutung einer ordnungsgemäßen Vorbereitung vor dem Beginn der Implementierung zu betonen. Dies beinhaltet die Erstellung eines klaren Implementierungsplans mit definierten Zielen, Zeitplänen und wichtigen Meilensteinen. Es ist unerlässlich, Stakeholder einzubeziehen und den Implementierungsplan innerhalb der Organisation zu kommunizieren, um sicherzustellen, dass jeder seine Rolle und Verantwortlichkeiten während des Prozesses versteht.

Als nächstes diskutieren wir die Bedeutung der Datenmigration und -vorbereitung. Eine reibungslose und genaue Datenübertragung ist entscheidend für eine erfolgreiche Implementierung. Wir leiten die Leser an, ihre vorhandenen Daten zu bewerten, sie zu bereinigen und zu organisieren und die effektivste Migrationsstrategie zu bestimmen. Durch die Sicherstellung der Qualität und Integrität der Daten können Organisationen potenzielle Probleme vermeiden und die Effektivität der Software maximieren.

Das Kapitel geht dann auf die Bedeutung des Change Managements während des Implementierungsprozesses ein. Die Einführung neuer Software bringt oft Veränderungen in etablierten Arbeitsabläufen,

Prozessen und Routinen mit sich. Wir bieten Strategien zur Bewältigung von Veränderungen, darunter effektive Kommunikation, Einbindung der Endbenutzer in den Prozess, Bereitstellung von Schulung und Unterstützung sowie Umgang mit Widerstand. Durch Fokussierung auf Change Management können Organisationen die Benutzerakzeptanz fördern und Störungen während der Übergangsphase minimieren.

Des Weiteren erkunden wir die Bedeutung von Anpassung und Konfiguration, um die Software an die spezifischen Anforderungen der Organisation anzupassen. Wir besprechen die verfügbaren Anpassungsoptionen, bewährte Verfahren zur Anpassung der Software an die organisatorischen Bedürfnisse und Überlegungen zur richtigen **Balance zwischen Anpassung und Beibehaltung der Integrität der Software.**

Effektive Schulung ist ein weiterer wichtiger Aspekt der Implementierung von Unternehmenssoftware. Wir betonen die Notwendigkeit umfassender und fortlaufender Schulungsprogramme, um sicherzustellen, dass die Benutzer über die notwendigen Fähigkeiten und Kenntnisse verfügen, um die Software effektiv zu nutzen. Wir diskutieren verschiedene Schulungsansätze wie Vor-Ort-Schulung, Online-Tutorials, Dokumentation und Wissensaustausch-Sitzungen. Durch Investitionen in die Schulung können Organisationen ihre Mitarbeiter stärken und das Potenzial der Software maximieren.

Das Kapitel befasst sich auch mit der Bedeutung der Überwachung und Bewertung des Implementierungsprozesses. Regelmäßige Bewertung des Fortschritts, Identifizierung von Herausforderungen und Messung der Auswirkungen der Software sind entscheidend, um notwendige Anpassungen vorzunehmen und eine erfolgreiche Implementierung sicherzustellen. Wir besprechen wichtige Leistungskennzahlen (KPIs) und Metriken, die verwendet werden können, um die Effektivität der Software zu verfolgen und ihre Auswirkungen auf wichtige Geschäftsergebnisse zu messen.

Zuletzt betonen wir die Bedeutung von laufender Unterstützung und Wartung nach der anfänglichen Implementierung. Software erfordert regelmäßige Aktualisierungen, Fehlerbehebungen und technische Unterstützung, um ihre optimale Leistung sicherzustellen. Wir diskutieren die Bedeutung der Aufrechterhaltung einer starken Beziehung zum Softwareanbieter, erkunden verfügbare Support-Kanäle und etablieren Verfahren für die Behandlung von Softwareproblemen und -aktualisierungen.

Zusammenfassend bietet Kapitel 3 den Lesern praktische Anleitungen für die erfolgreiche Implementierung von Unternehmenssoftware. Indem wir die Bedeutung von Vorbereitung,

Datenmigration, Change Management, Anpassung, Schulung, Überwachung und fortlaufender Unterstützung betonen, können Organisationen den Implementierungsprozess effektiv bewältigen. Die Implementierung von Unternehmenssoftware erfordert einen ganzheitlichen Ansatz, der nicht nur die technischen Aspekte, sondern auch die Menschen, Prozesse und organisatorischen Veränderungen umfasst. Mit den richtigen Strategien und einem gut durchgeführten Implementierungsplan können Organisationen das volle Potenzial der Software nutzen und positive Ergebnisse erzielen.

Testen und Validieren

Führen Sie vor der vollen Implementierung gründliche Tests der Software durch, um etwaige Probleme oder Fehler zu identifizieren und zu beheben. Validieren Sie die Leistung, Funktionalität und Kompatibilität der Software in der Umgebung Ihrer Organisation. Benutzerakzeptanztests (UAT) mit repräsentativen Endbenutzern können sicherstellen, dass die Software ihren spezifischen Bedürfnissen und Anforderungen entspricht.

Post-Implementierungs-Support einrichten

Entwickeln Sie einen Plan für den Post-Implementierungs-Support und die Wartung. Bestimmen Sie, wie Softwareprobleme, Fragen und Updates behandelt werden. Richten Sie Supportkanäle wie eine Helpdesk oder ein dediziertes Support-Team ein, um den Endbenutzern rechtzeitig Unterstützung zu bieten. Die laufende Unterstützung und Wartung gewährleisten die Langlebigkeit und optimale Leistung der Software.

Indem Sie diese Schlüsselschritte bei der Vorbereitung auf die Softwareimplementierung befolgen, können Organisationen eine solide

Grundlage für einen erfolgreichen Implementierungsprozess schaffen. Eine ordnungsgemäße Vorbereitung erhöht die Effektivität der Software, minimiert Risiken und steigert die Benutzerakzeptanz. Ein gut vorbereiteter Implementierungsprozess schafft die Voraussetzungen für die optimale Nutzung des Potenzials der Software, um Unternehmensziele zu erreichen und Erfolg zu erzielen.

Entwicklung einer Implementierungsstrategie und eines Zeitplans

Bei der Vorbereitung auf die Softwareimplementierung ist die Entwicklung einer klaren und gut definierten Implementierungsstrategie und eines Zeitplans von entscheidender Bedeutung. Eine umfassende Strategie skizziert die notwendigen Schritte, weist Verantwortlichkeiten zu und legt einen Zeitplan für die erfolgreiche Bereitstellung der Software fest. In diesem Abschnitt erkunden wir die wichtigsten Überlegungen und bewährten Verfahren für die Entwicklung einer effektiven Implementierungsstrategie und eines Zeitplans.

Definieren Sie Implementierungsziele

Beginnen Sie damit, die Ziele und Zielsetzungen der Implementierung klar zu definieren. Welche konkreten Ergebnisse möchten Sie erzielen? Bestimmen Sie die Leistungskennzahlen (KPIs), die den Erfolg der Implementierung messen werden. Diese Ziele leiten die Entwicklung Ihrer Implementierungsstrategie.

Identifizieren Sie kritische Aufgaben und Meilensteine

Identifizieren Sie die kritischen Aufgaben, die zur erfolgreichen Implementierung erforderlich sind. Zerlegen Sie den Implementierungsprozess in überschaubare Phasen oder Stufen. Jede

Phase sollte spezifische Meilensteine haben, die die Fertigstellung von wichtigen Lieferungen oder Erfolgen markieren. Dies ermöglicht eine bessere Überwachung des Fortschritts und gewährleistet einen strukturierten Ansatz zur Implementierung.

Weisen Sie Verantwortlichkeiten zu

Weisen Sie Einzelpersonen oder Teams klare Verantwortlichkeiten für den Implementierungsprozess zu. Identifizieren Sie wichtige Interessengruppen, einschließlich Projektmanager, IT-Personal, Endbenutzer und Trainer. Definieren Sie die Rollen und Verantwortlichkeiten jedes Interessenten klar, um die Verantwortlichkeit und eine effektive Koordination sicherzustellen.

Bestimmen Sie die Ressourcenanforderungen

Bewerten Sie die für die Implementierung benötigten Ressourcen, einschließlich Personal, Budget, Infrastruktur und Zeit. Beurteilen Sie, ob Sie die erforderlichen Ressourcen intern haben oder ob externe Unterstützung erforderlich ist. Eine angemessene Ressourcenallokation gewährleistet, dass die Implementierung reibungslos verläuft und mögliche Engpässe minimiert werden.

Berücksichtigen Sie Abhängigkeiten und Interaktionen

Identifizieren Sie Abhängigkeiten oder Interaktionen zwischen Aufgaben und Interessengruppen. Bestimmen Sie, ob bestimmte Aufgaben abgeschlossen sein müssen, bevor andere beginnen können, oder ob die Eingabe bestimmter Interessengruppen in verschiedenen Phasen erforderlich ist. Das Verständnis dieser Abhängigkeiten hilft Ihnen, Aufgaben ordnungsgemäß zu ordnen, und gewährleistet eine effiziente Zusammenarbeit und Kommunikation.

Entwickeln Sie einen realistischen Zeitplan

Erstellen Sie einen realistischen Zeitplan, der die Start- und Endtermine für jede Aufgabe oder Phase der Implementierung festlegt. Berücksichtigen Sie die Komplexität der Software, die Verfügbarkeit von Ressourcen und potenzielle Herausforderungen oder Risiken, die den Zeitplan beeinflussen können. Es ist wichtig, realistische Erwartungen zu setzen und ausreichend Zeit für Tests, Schulungen und Anpassungen zu lassen.

Integrieren Sie Change Management

Integrieren Sie Change-Management-Strategien in die Implementierungsstrategie und den Zeitplan. Change Management beinhaltet die Vorbereitung der Stakeholder auf die bevorstehenden Veränderungen, das Ansprechen von Bedenken und die Sicherstellung eines reibungslosen Übergangs. Planen Sie Kommunikation, Schulung und Support-Aktivitäten, um die Benutzerakzeptanz zu erleichtern und Widerstand zu minimieren.

Überwachen und Anpassen
Überwachen Sie regelmäßig den Fortschritt der Implement

ierung im Vergleich zum festgelegten Zeitplan. Verfolgen Sie den Abschluss von Aufgaben, Meilensteinen und KPIs. Dies ermöglicht Ihnen, Verzögerungen oder Abweichungen zu identifizieren und bei Bedarf Korrekturmaßnahmen zu ergreifen. Flexibilität ist entscheidend, da Anpassungen am Zeitplan möglicherweise erforderlich sind, um unvorhergesehene Umstände oder Änderungen in den Prioritäten zu berücksichtigen.

Kommunizieren und Einbinden von Stakeholdern

Pflegen Sie während des gesamten Implementierungsprozesses eine offene und transparente Kommunikation mit allen Stakeholdern. Geben Sie regelmäßig Updates zum Fortschritt, zu erreichten Meilensteinen und zu eventuellen Anpassungen am Zeitplan. Binden Sie Stakeholder durch Workshops, Meetings und Schulungssitzungen ein, um ihre Beteiligung sicherzustellen und Bedenken oder Feedback anzusprechen.

Dokumentieren und Auswerten

Dokumentieren Sie die Implementierungsstrategie und den Zeitplan und erfassen Sie alle wichtigen Details, Entscheidungen und Anpassungen, die im Laufe des Prozesses vorgenommen wurden. Dies dient als Referenz für zukünftige Implementierungen oder für die Bewältigung von Nachimplementierungsproblemen. Nach Abschluss der Implementierung bewerten Sie die Effektivität der Strategie und des Zeitplans, um Lernpunkte zu identifizieren und Bereiche zur Verbesserung zu erkennen.

Durch die Entwicklung einer umfassenden Implementierungsstrategie und eines Zeitplans können Organisationen eine strukturierte und erfolgreiche Bereitstellung der Software sicherstellen. Klare Ziele, zugewiesene Verantwortlichkeiten, realistische Zeitpläne und effektive Kommunikation tragen zu einem reibungslosen Implementierungsprozess, zur Benutzerakzeptanz und zur Erreichung der gewünschten Ergebnisse bei.

Veränderungen managen und Widerstand überwinden

Die Implementierung neuer Unternehmenssoftware erfordert oft das Management von Veränderungen innerhalb einer Organisation. Change

Management ist entscheidend, um einen reibungslosen Übergang sicherzustellen, Widerstand zu minimieren und die Benutzerakzeptanz zu maximieren. In diesem Abschnitt erkunden wir wichtige Strategien und bewährte Verfahren für das Change Management und die Überwindung von Widerstand während des Softwareimplementierungsprozesses.

Kommunizieren Sie die Vision

Kommunizieren Sie die Vision und die Vorteile der Softwareimplementierung klar an alle Stakeholder. Artikulieren Sie, wie die Software mit den strategischen Zielen der Organisation in Einklang steht und wie sie die Effizienz, Produktivität oder den Kundenservice verbessern wird. Erstellen Sie eine überzeugende Erzählung, die die positive Auswirkung der Software auf Einzelpersonen und die Organisation insgesamt hervorhebt.

Stakeholder einbinden

Binden Sie Stakeholder während des Implementierungsprozesses kontinuierlich ein. Beteiligen Sie wichtige Personen aus verschiedenen Abteilungen und Ebenen der Organisation. Suchen Sie ihre Meinung, behandeln Sie ihre Anliegen und involvieren Sie sie aktiv in Entscheidungsprozesse und Planungen. Dieser partizipative Ansatz fördert ein Gefühl der Verantwortung und stärkt die Akzeptanz, sodass die Stakeholder offener für die durch die Software bewirkten Veränderungen sind.

Bereitstellung angemessener Schulung und Unterstützung

Investieren Sie in umfassende Schulungsprogramme, um sicherzustellen, dass Endbenutzer die erforderlichen Fähigkeiten haben, die Software effektiv zu nutzen. Passen Sie die Schulungsprogramme an verschiedene Benutzergruppen an und bieten Sie fortlaufende Unterstützung, um aufkommende Fragen oder Probleme zu klären. Die Befähigung der Benutzer mit dem nötigen Wissen und Ressourcen baut Vertrauen auf und minimiert Widerstand.

Ansprüche und Vorteile ansprechen

Hören Sie aktiv auf Bedenken und gehen Sie zeitnah darauf ein. Schaffen Sie Feedbackkanäle und bieten Sie Foren für offene Diskussionen. Kommunizieren Sie die Vorteile der Software und wie sie bestimmte Schmerzpunkte adressiert oder Prozesse verbessert. Betonen Sie Erfolgsgeschichten oder Fallstudien von anderen Organisationen, die ähnliche Softwarelösungen erfolgreich implementiert haben.

Change-Champions identifizieren

Identifizieren Sie Personen oder Teams, die enthusiastisch über die Softwareimplementierung sind und als Change-Champions in der Organisation fungieren können. Diese Champions können die Akzeptanz fördern, Peer-Unterstützung bieten und ihre positiven Erfahrungen mit anderen teilen. Anerkennen und belohnen Sie ihre Bemühungen, um sie weiter zu motivieren und andere zu inspirieren.

Anpassen und Anpassen

Berücksichtigen Sie Anpassungsoptionen innerhalb der Software, um spezifische Benutzerbedürfnisse oder bestehende Arbeitsabläufe zu berücksichtigen. Passen Sie die Software an die einzigartigen Anforderungen der Organisation an, wenn möglich. Die Anpassung der Software an vertraute Prozesse reduziert Widerstand und erleichtert die Transition für Endbenutzer.

Mit gutem Beispiel vorangehen

Führung spielt eine entscheidende Rolle im Change Management. Führungskräfte sollten die Softwareimplementierung sichtbar unterstützen und sie selbst aktiv verwenden. Mit gutem Beispiel voranzugehen zeigt Engagement und ermutigt andere, die Veränderung anzunehmen. Kommunizieren Sie regelmäßig die Vorteile und Fortschritte der Implementierung, um die Bedeutung der Software für den Erfolg der Organisation zu unterstreichen.

Kontinuierliche Kommunikation

Pflegen Sie kontinuierliche und transparente Kommunikation während des Implementierungsprozesses. Halten Sie Stakeholder regelmäßig über den Fortschritt, erreichte Meilensteine und Anpassungen am Zeitplan auf dem Laufenden. Beantworten Sie Bedenken umgehend und bieten Sie rechtzeitig Informationen, um alle informiert und engagiert zu halten. Fördern Sie eine Kultur offener Kommunikation, in der Mitarbeiter sich wohl fühlen, ihre Gedanken und Bedenken auszudrücken.

Überwachen und Anpassen

Überwachen Sie den Implementierungsprozess und seien Sie offen für notwendige Anpassungen auf der Grundlage von Feedback und sich entwickelnden Anforderungen. Bewerten Sie kontinuierlich die Wirksamkeit der Software und ihren Einfluss auf die Organisation. Holen Sie Feedback von Endbenutzern ein und führen Sie inkrementelle Verbesserungen durch, um die Benutzerfreundlichkeit zu verbessern und verbleibenden Widerstand zu adressieren.

Erfolg feiern

Anerkennen und feiern Sie Meilensteine und Erfolge während des Implementierungsprozesses. Anerkennen Sie Einzelpersonen oder Teams für ihre Beiträge und Erfolge. Das Feiern von Erfolg fördert ein positives Umfeld, stärkt den Wert der Software und motiviert andere, die Veränderung anzunehmen.

Durch die Umsetzung dieser Strategien können Organisationen den Change erfolgreich managen und Widerstand während des Softwareimplementierungsprozesses überwinden. Stakeholder einbinden, Schulung und Unterstützung bieten, Bedenken ansprechen und eine positive und unterstützende Kultur fördern, tragen zu einer erfolgreichen Benutzerakzeptanz und Realisierung der Vorteile der Software bei.

Sicherstellen einer erfolgreichen Akzeptanz und Benutzerschulung

Ein entscheidender Aspekt der Softwareimplementierung besteht darin, eine erfolgreiche Akzeptanz sicherzustellen und eine effektive Benutzerschulung zu bieten. Um die Vorteile der Software zu maximieren und einen reibungslosen Übergang zu erleichtern, sollten Organisationen auf Strategien setzen, die die Benutzerakzeptanz, -beteiligung und -kompetenz fördern. In diesem Abschnitt erkunden wir wichtige Praktiken, um eine erfolgreiche Akzeptanz und effektive Benutzerschulung während des Softwareimplementierungsprozesses sicherzustellen.

Entwicklung eines umfassenden Schulungsprogramms

Erstellen Sie ein gut strukturiertes und umfassendes Schulungsprogramm, das den Bedürfnissen verschiedener Benutzergruppen in der Organisation gerecht wird. Berücksichtigen Sie verschiedene Lernstile und Vorlieben, indem Sie eine Mischung aus Schulungsmethoden anbieten, wie beispielsweise instruktorgeleitete Sitzungen, Online-Tutorials, selbstgesteuerte Module und praktische Übungen. Das Schulungsprogramm sollte sowohl grundlegende Funktionalitäten als auch fortgeschrittene Funktionen abdecken und sicherstellen, dass die Benutzer über die erforderlichen Fähigkeiten verfügen, die Software effektiv zu nutzen.

Schulung auf Benutzerrollen und -verantwortlichkeiten zuschneiden

Passen Sie Schulungssitzungen an die spezifischen Rollen und Verantwortlichkeiten verschiedener Benutzergruppen an. Konzentrieren Sie sich auf die Funktionalitäten und Arbeitsabläufe, die für ihre Aufgaben relevant sind. Durch gezielte Schulung können Benutzer verstehen, wie die Software in Bezug auf ihre Arbeit steht und ihren Wert für die Verbesserung ihrer täglichen Aufgaben und Prozesse sehen.

Benutzer in den Schulungsprozess einbinden

Binden Sie Endbenutzer frühzeitig in den Schulungsprozess ein. Suchen Sie ihre Meinung und Einblicke in ihre Schulungsbedürfnisse, Herausforderungen und Erwartungen. Binden Sie sie aktiv in Diskussionen, Demonstrationen und praktische Übungen während der Schulungssitzungen ein. Die Förderung aktiver Teilnahme schafft ein Gefühl der Verantwortung und baut das Vertrauen der Benutzer auf.

Praktische Übungen und Szenarien aus dem echten Leben bieten

Stellen Sie sicher, dass die Schulung praktische Übungen mit der Software einschließt. Bieten Sie Szenarien aus dem echten Leben und Simulationen an, die die Arbeitsumgebung der Benutzer widerspiegeln. Dieser praktische Ansatz ermöglicht es Benutzern, ihr neu erworbenes Wissen anzuwenden, Selbstvertrauen aufzubauen und zu verstehen, wie die Software ihre spezifischen Aufgaben und Prozesse unterstützt.

Eine Kultur des kontinuierlichen Lernens fördern

Fördern Sie eine Kultur des kontinuierlichen Lernens über die anfänglichen Schulungssitzungen hinaus. Stellen Sie Ressourcen wie Benutzerhandbücher, Online-Hilfeleitfäden und Wissensdatenbanken zur Verfügung, auf die Benutzer zugreifen können, wenn sie Unterstützung benötigen oder ihr Wissen auffrischen möchten. Ermutigen Sie Benutzer, Tipps, Tricks und bewährte Verfahren mit ihren Kollegen zu teilen und so eine kooperative Lernumgebung zu fördern.

Fortlaufende Unterstützung anbieten

Stellen Sie sicher, dass Benutzer Zugang zu fortlaufenden Supportkanälen haben. Richten Sie eine dedizierte Helpdesk oder Supportteam ein, um Benutzerfragen und -anliegen zeitnah zu klären. Ermutigen Sie Benutzer, sich bei Bedarf für Unterstützung zu melden, und bieten Sie klare Richtlinien, wie sie auf Supportressourcen zugreifen können. Schneller und effektiver Support steigert das Vertrauen der Benutzer und minimiert Frustration.

Die Vorteile und Auswirkungen kommunizieren

Kommunizieren Sie kontinuierlich die Vorteile der Software und heben Sie ihre Auswirkungen auf Einzelpersonen, Teams und die Organisation als Ganzes hervor. Verstärken Sie, wie die Software Prozesse optimiert, die Effizienz verbessert und Ergebnisse steigert. Das Teilen von Erfolgsgeschichten und das Vorstellen von Beispielen, wie die Software spezifische Herausforderungen gelöst hat, kann Benutzer motivieren und ihre Bereitschaft zur Annahme und effektiven Nutzung der Software stärken.

Benutzerfortschritt überwachen und Feedback geben

Überwachen Sie regelmäßig den Fortschritt der Benutzer und geben Sie konstruktives Feedback. Bieten Sie Anleitung, wie das volle Potenzial der Software ausgeschöpft und Workflows optimiert werden können. Führen Sie regelmäßige Bewertungen oder Umfragen durch, um die Benutzerzufriedenheit zu messen, Verbesserungsbereiche zu identifizieren und Vorschläge für die Verbesserung des Schulungsprogramms oder die Bewältigung verbleibender Hindernisse für die Nutzung zu sammeln.

Peer-Support und Mentoring fördern

Fördern Sie Peer-Support und Mentoring unter den Benutzern. Ermutigen Sie erfahrene Benutzer, ihr Wissen zu teilen und anderen Anleitung zu geben. Richten Sie Foren oder Diskussionsplattformen ein, in denen Benutzer Fragen stellen, Erfahrungen teilen und voneinander lernen können. Peer-Support schafft ein Gemeinschaftsgefühl, verringert die Abhängigkeit von formalen Supportkanälen und fördert kontinuierliches Lernen.

Schulungseffektivität bewerten

Bewerten Sie regelmäßig die Effektivität des Schulungsprogramms und nehmen Sie bei Bedarf Anpassungen basierend auf dem Feedback der Benutzer und sich entwickelnden Anforderungen vor. Analysieren Sie Metriken wie Benutzerkompetenz, Systemnutzung und Benutzerzufriedenheit, um die Auswirkungen der Schulung zu bewerten. Nutzen Sie dieses Feedback, um zukünftige Schulungsinitiativen zu verbessern und kontinuierliche Verbesserung sicherzustellen.

Durch die Umsetzung dieser Praktiken können Organisationen eine erfolgreiche Akzeptanz der Software fördern und Benutzer in die Lage versetzen, darin versiert zu werden. Effektive Schulungsprogramme, fortlaufende Unterstützung, Engagement und Kommunikation der Vorteile tragen zur Benutzerzufriedenheit, gesteigerter Produktivität und Realisierung des vollen Potenzials der Software in der Organisation bei.

KAPITEL 4
Maximierung der Effizienz von Unternehmenssoftware

Im vierten Kapitel von "Die Kunst der Unternehmenssoftware: Ein umfassender Leitfaden für den Erfolg" gehen wir auf die Strategien und bewährten Praktiken zur Maximierung der Effizienz von Unternehmenssoftware ein. Dieses Kapitel konzentriert sich auf die Optimierung der Nutzung der Software, um die Produktivität zu steigern, Prozesse zu optimieren und die allgemeine Effizienz der Organisation zu fördern. Durch die Umsetzung der in diesem Kapitel diskutierten Techniken können Unternehmen das volle Potenzial ihrer Softwareinvestitionen ausschöpfen.

Das Kapitel beginnt damit, die Bedeutung der Ausrichtung der Software auf die organisatorischen Ziele und Workflows hervorzuheben. Es betont die Notwendigkeit eines tiefen Verständnisses der Fähigkeiten und Funktionen der Software, um Optimierungsmöglichkeiten zu identifizieren. Durch die Ausrichtung der Software auf spezifische Geschäftsziele können Organisationen deren Funktionalitäten nutzen, um in verschiedenen Bereichen des Betriebs eine größere Effizienz zu erzielen.

Anschließend wird die Bedeutung von Anpassungs- und Konfigurationsoptionen innerhalb der Software untersucht. Es werden

Einblicke in die Anpassung der Software gegeben, um sie an einzigartige Geschäftsanforderungen und -prozesse anzupassen. Durch die Anpassung der Software können Organisationen Workflows optimieren, wiederkehrende Aufgaben automatisieren und die Gesamteffizienz verbessern. Es werden auch Anleitungen zur Findung des richtigen Gleichgewichts zwischen Anpassung und Wahrung der Integrität der Software angeboten.

Das Kapitel behandelt dann Strategien des Datenmanagements. Es betont die Bedeutung von sauberen und genauen Daten für die optimale Effizienz der Software. Es deckt Themen wie Datenverwaltung, Datenbereinigung und Datenintegration ab, um sicherzustellen, dass die Software mit zuverlässigen und konsistenten Daten arbeitet. Effektives Datenmanagement verbessert nicht nur die Genauigkeit von Berichten und Analysen, sondern ermöglicht auch effiziente Entscheidungsfindung und eine verbesserte Gesamtleistung.

Darüber hinaus werden die Integrationsfähigkeiten der Software beleuchtet. Es betont die Vorteile der Integration der Software mit anderen relevanten Systemen und Anwendungen im Technologieökosystem der Organisation. Eine nahtlose Integration ermöglicht den Datenaustausch, beseitigt manuelle Dateneingaben und ermöglicht die Echtzeitfreigabe von Informationen, was zu verbesserter Effizienz und Datenqualität in verschiedenen Funktionen und Abteilungen führt.

Das Kapitel diskutiert auch die Bedeutung der Prozessoptimierung und -automatisierung. Es beleuchtet Techniken wie Workflow-Analyse, Identifizierung von Engpässen und Prozessoptimierung durch

Automatisierung. Durch die Nutzung der Automatisierungsfunktionen der Software können Organisationen manuelle Aufgaben eliminieren, Fehler reduzieren und die Ausführung von Prozessen beschleunigen, was letztendlich die Gesamteffizienz und Produktivität verbessert.

Darüber hinaus betont das Kapitel den Wert kontinuierlichen Lernens und des Staying-up-to-date mit Verbesserungen und neuen Funktionen der Software. Es betont die Notwendigkeit laufender Schulungs- und Wissensaustauschinitiativen, um sicherzustellen, dass Benutzer fähig sind, das volle Potenzial der Software zu nutzen. Durch die Förderung des kontinuierlichen Lernens können Organisationen auf dem neuesten Stand der besten Branchenpraktiken bleiben und die neuesten Softwarefunktionalitäten nutzen, um die Effizienz zu optimieren.

Das Kapitel schließt damit, die Bedeutung der Überwachung und Bewertung der Leistung der Software zu betonen. Es diskutiert Kennzahlen und Metriken, die Organisationen verwenden können, um die Effizienz und Auswirkungen der Software zu bewerten. Durch regelmäßige Überwachung und Bewertung der Leistung können Organisationen Bereiche für Verbesserungen identifizieren, fundierte Entscheidungen treffen und die Nutzung ihrer Software weiter optimieren.

Zusammenfassend bietet Kapitel 4 den Lesern praktische Strategien und bewährte Praktiken zur Maximierung der Effizienz von Unternehmenssoftware. Durch die Ausrichtung der Software auf organisatorische Ziele, Anpassung an spezifische Anforderungen, effektives Datenmanagement, Prozessoptimierung, Automatisierung,

Förderung des kontinuierlichen Lernens und Überwachung der Leistung können Organisationen das volle Potenzial ihrer Softwareinvestitionen nutzen und die Effizienz und Produktivität in der gesamten Organisation steigern.

Anpassen und Konfigurieren von Software, um spezifischen Geschäftsanforderungen gerecht zu werden: Verstehen Ihrer Geschäftsanforderungen

Beginnen Sie damit, ein tiefes Verständnis für die spezifischen Geschäftsanforderungen Ihrer Organisation zu gewinnen. Identifizieren Sie die Schwachstellen, Herausforderungen und Möglichkeiten zur Verbesserung innerhalb Ihrer Workflows und Prozesse. Beteiligen Sie wichtige Interessengruppen, um Einblicke und Perspektiven zu sammeln, die den Anpassungs- und Konfigurationsprozess informieren werden.

Identifizieren von Anpassungsoptionen

Erkunden Sie gründlich die Anpassungsoptionen, die innerhalb der Software verfügbar sind. Dies kann Funktionen, Module, Vorlagen oder Einstellungen umfassen, die an die Anforderungen Ihrer Organisation angepasst werden können. Identifizieren Sie, welche Elemente der Software angepasst werden können, und bestimmen Sie den Umfang, in dem sie modifiziert werden können.

Priorisieren von Anpassungsbemühungen

Priorisieren Sie die Anpassungsbemühungen basierend auf der Bedeutung der Anforderungen und ihrer potenziellen Auswirkungen auf die Verbesserung von Effizienz und Produktivität. Konzentrieren Sie sich auf Bereiche, die den höchsten Wert bieten oder in denen Anpassungen kritische Prozesse optimieren, die Datenqualität verbessern oder einen

Wettbewerbsvorteil bieten können. Dies hilft, Ressourcen effektiv zuzuweisen, und stellt sicher, dass Anpass

ungsbemühungen die wichtigsten Bedürfnisse adressieren.

Zusammenarbeit mit Softwareanbieter oder IT-Team

Arbeiten Sie mit dem Softwareanbieter oder Ihrem internen IT-Team zusammen, um die Anpassungsfähigkeiten zu verstehen und deren Expertise zu nutzen. Sie können Anleitung zur Machbarkeit von Anpassungsoptionen, bewährten Praktiken und potenziellen Auswirkungen geben. Arbeiten Sie eng mit ihnen zusammen, um sicherzustellen, dass die Anpassung mit den Fähigkeiten der Software übereinstimmt und deren Stabilität oder zukünftige Updates nicht gefährdet.

Testen und Validieren von Anpassungen

Bevor Sie angepasste Änderungen in einer Live-Umgebung bereitstellen, testen und validieren Sie sie gründlich in einer kontrollierten Umgebung. Führen Sie umfangreiche Tests durch, um sicherzustellen, dass die angepassten Elemente wie beabsichtigt funktionieren und keine unbeabsichtigten Konsequenzen oder Konflikte mit anderen Systemkomponenten einführen. Testen Sie mit repräsentativen Benutzerszenarien und sammeln Sie Feedback, um vor der Implementierung eventuelle Anpassungen vorzunehmen.

Dokumentieren von Anpassungsentscheidungen

Dokumentieren Sie alle Anpassungsentscheidungen, einschließlich der Begründung, des Prozesses und der spezifischen Änderungen. Diese Dokumentation dient als Referenz für zukünftige Updates, Wartung und

Fehlerbehebung. Sie bietet Transparenz und stellt sicher, dass das Wissen über Anpassungen in der Organisation bewahrt bleibt.

Regelmäßige Überprüfung und Anpassung von Anpassungen

Da sich Ihre Organisation weiterentwickelt und sich Geschäftsanforderungen ändern, überprüfen Sie regelmäßig und passen Sie die Anpassungen an, um deren anhaltende Relevanz und Effektivität sicherzustellen. Bleiben Sie über Software-Updates und neue Funktionen, die vom Anbieter veröffentlicht werden, informiert. Bewerten Sie, ob bestehende Anpassungen modifiziert werden müssen oder ob neue Anpassungsmöglichkeiten entstehen, um die Software besser an sich ändernde Geschäftsanforderungen anzupassen.

Ein Gleichgewicht finden

Während Anpassung wichtig ist, ist es wesentlich, ein Gleichgewicht zwischen der Anpassung der Software und der Wahrung ihrer Kernintegrität zu finden. Berücksichtigen Sie die langfristigen Auswirkungen von Anpassungen auf die Stabilität der Software, die Kompatibilität mit zukünftigen Upgrades und die laufende Unterstützung. Vermeiden Sie übermäßige Anpassungen, die die Fähigkeit der Software zur Weiterentwicklung behindern oder Abhängigkeiten schaffen, die schwer zu verwalten sind.

Förderung der Benutzerakzeptanz und Schulung

Stellen Sie sicher, dass Endbenutzer angemessene Schulung und Unterstützung erhalten, um die angepasste Software effektiv zu nutzen. Bieten Sie Schulungsprogramme an, die speziell auf die angepassten Elemente eingehen und deren Vorteile hervorheben. Fördern Sie das

Bewusstsein und kommunizieren Sie den Wert der Anpassungen, um die Benutzerakzeptanz und Engagement zu fördern.

Die Auswirkungen bewerten

Bewerten Sie regelmäßig die Auswirkungen der Anpassungen auf Effizienz und Produktivität. Verwenden Sie Leistungskennzahlen (KPIs) und Metriken, um zu bewerten, wie die angepasste Software Workflows verbessert hat, manuellen Aufwand reduziert oder Ergebnisse verbessert hat. Analysieren Sie die Daten, um weitere Anpassungs- oder Optimierungsmöglichkeiten zu identifizieren.

Durch die Befolgung dieser bewährten Praktiken können Organisationen Software effektiv anpassen und konfigurieren, um spezifische Geschäftsanforderungen zu erfüllen. Die Anpassung der Software an einzigartige Anforderungen verbessert die Effizienz, optimiert Prozesse und ermöglicht es Organisationen, maximalen Nutzen aus ihren Softwareinvestitionen zu ziehen.

Optimierung von Software-Workflows und Prozessen

Die Optimierung von Software-Workflows und Prozessen ist ein entscheidender Schritt zur Maximierung von Effizienz und Produktivität in einer Organisation. Kapitel 4 von "Die Kunst der Unternehmenssoftware: Ein umfassender Leitfaden für den Erfolg" behandelt Strategien und bewährte Praktiken zur Optimierung von Workflows und Prozessen, um das volle Potenzial von Unternehmenssoftware zu nutzen. In diesem Abschnitt erkunden wir wichtige Ansätze zur Optimierung von Software-Workflows und -Prozessen.

Analyse bestehender Workflows

Beginnen Sie mit der Analyse Ihrer bestehenden Workflows und Prozesse. Identifizieren Sie Engpässe, Ineffizienzen und Bereiche, in denen manuelle Aufwände reduziert werden können. Gewinnen Sie ein gründliches Verständnis dafür, wie Aufgaben und Informationen durch verschiedene Stufen und Abteilungen fließen. Diese Analyse hilft dabei, Bereiche für Verbesserungen zu identifizieren und bildet die Grundlage für die Optimierung von Workflows.

Identifizierung von Automatisierungsmöglichkeiten

Identifizieren Sie Möglichkeiten zur Automatisierung innerhalb Ihrer Workflows. Suchen Sie nach wiederkehrenden oder zeitaufwändigen Aufgaben, die durch die Software automatisiert werden können. Die Automatisierung von Routineprozessen reduziert nicht nur den manuellen Aufwand, sondern minimiert auch Fehler und beschleunigt die Aufgabenerledigung. Bewerten Sie die Automatisierungsfähigkeiten der Software und prüfen Sie, wie sie zur Optimierung von Workflows eingesetzt werden können.

Vereinfachen und Standardisieren von Prozessen

Vereinfachen und standardisieren Sie Prozesse, um redundante Schritte zu beseitigen und Konsistenz in der gesamten Organisation sicherzustellen. Vereinfachen Sie komplexe Workflows, indem Sie unnötige Genehmigungen, Übergaben oder Papierkram entfernen. Legen Sie klare Richtlinien und Standardbetriebsverfahren (SOPs) fest, um sicherzustellen, dass Aufgaben konsistent und effizient durchgeführt werden. Die Software kann so konfiguriert werden, dass die Einhaltung standardisierter Prozesse sichergestellt wird.

Nutzen von Kollaborationsfunktionen

Nutzen Sie Kollaborationsfunktionen innerhalb der Software, um die Kommunikation und Zusammenarbeit zwischen Teammitgliedern zu optimieren. Ermutigen Sie zur Echtzeit-Zusammenarbeit, zum Teilen von Dateien und zum Dokumentenmanagement durch integrierte Kollaborationstools. Dies reduziert Verzögerungen, verbessert die Entscheidungsfindung und erleichtert nahtloses Teilen von Informationen, was zu effizienteren Workflows führt.

Anpassen von Workflows an Ihre Organisation

Passen Sie die Workflow-Fähigkeiten der Software an, um sich an die einzigartigen Anforderungen Ihrer Organisation anzupassen. Passen Sie die vordefinierten Workflows an, um Ihre spezifischen Prozesse anzupassen, oder erstellen Sie benutzerdefinierte Workflows, die die bevorzugte Arbeitsweise Ihrer Organisation widerspiegeln. Die Anpassung der Software an Ihre Organisation stellt sicher, dass sie Ihre Workflows unterstützt und verbessert, was zu einer verbesserten Effizienz führt.

Implementieren von Datenintegration

Integrieren Sie Datenquellen und -systeme, um einen nahtlosen Informationsfluss zwischen verschiedenen Softwareanwendungen sicherzustellen. Identifizieren Sie Bereiche, in denen die Datenintegration Workflows optimieren kann, indem Sie manuelle Dateneingabe reduzieren oder doppelte Dateneingabe eliminieren. Die Echtzeit-Datenintegration stellt sicher, dass Informationen aktuell sind und Benutzern schnell zur Verfügung stehen, was schnell

ere Entscheidungsfindung und optimierte Prozesse ermöglicht.

Überwachen und Messen der Leistung

Legen Sie Leistungskennzahlen (KPIs) fest, um die Leistung Ihrer optimierten Workflows zu überwachen. Verfolgen Sie Metriken wie Zykluszeit, Aufgabenerfüllungsraten und Ressourcennutzung. Analysieren Sie regelmäßig die Daten und identifizieren Sie Bereiche für weitere Optimierungen. Dieser iterative Ansatz ermöglicht es Ihnen, Ihre Workflows kontinuierlich zu verfeinern und zu verbessern, um die Effizienz zu maximieren.

Bieten Sie kontinuierliche Schulung und Unterstützung

Stellen Sie sicher, dass Benutzer kontinuierliche Schulung und Unterstützung erhalten, um die optimierten Workflows effektiv zu nutzen. Bieten Sie Schulungsprogramme an, die Benutzer mit den neuen Prozessen vertraut machen und Anleitung zur optimalen Nutzung der Software bieten. Bieten Sie kontinuierliche Unterstützung durch Helpdesks, Online-Ressourcen und Wissensplattformen. Holen Sie regelmäßig Feedback von Benutzern ein, um Herausforderungen oder Verbesserungsmöglichkeiten zu identifizieren.

Förderung einer Kultur der Zusammenarbeit und Innovation

Fördern Sie eine Kultur der Zusammenarbeit und Innovation in Ihrer Organisation. Ermutigen Sie interdisziplinäre Teams zur Zusammenarbeit, zum Austausch von Ideen und zur Zusammenarbeit bei Initiativen zur Prozessverbesserung. Anerkennen und belohnen Sie Mitarbeiter, die zur Verbesserung von Workflows und zur Steigerung der Effizienz beitragen. Die Entwicklung einer Kultur, die kontinuierliche Verbesserung schätzt, befähigt Mitarbeiter dazu, aktiv nach

Möglichkeiten zur Optimierung von Software-Workflows und -Prozessen zu suchen.

Durch die Umsetzung dieser Strategien können Organisationen ihre Software-Workflows und -Prozesse optimieren und dadurch die Effizienz erhöhen, Kosten senken, die Qualität verbessern und insgesamt die Produktivität steigern. Die kontinuierliche Evaluierung, Zusammenarbeit und Fokussierung auf Innovation stellen sicher, dass Workflows sich an die sich ändernden Bedürfnisse der Organisation anpassen und nachhaltige Verbesserungen in Effizienz und Leistung erzielt werden.

Integrieren von Software mit bestehenden Systemen

Die Integration von Software mit bestehenden Systemen ist ein entscheidender Aspekt zur Maximierung von Effizienz und Produktivität in einer Organisation. Kapitel 4 von "Die Kunst der Unternehmenssoftware: Ein umfassender Leitfaden für den Erfolg" behandelt Strategien und bewährte Praktiken zur Integration von Software mit bestehenden Systemen. In diesem Abschnitt gehen wir auf wichtige Überlegungen und Ansätze für eine erfolgreiche Softwareintegration ein.

Bestehende Systeme und Infrastruktur bewerten

Beginnen Sie damit, die bestehenden Systeme und die Infrastruktur Ihrer Organisation zu bewerten. Identifizieren Sie die verschiedenen Systeme, Anwendungen und Datenbanken, die derzeit verwendet werden. Verstehen Sie, wie diese Systeme funktionieren und miteinander interagieren. Bewerten Sie die Kompatibilität und Integrationsfähigkeiten dieser Systeme mit der neuen Software, um potenzielle Herausforderungen oder Chancen zu identifizieren.

Integrationsziele und -ziele festlegen

Definieren Sie Ihre Integrationsziele und -ziele klar. Legen Sie fest, was Sie durch die Integration erreichen möchten, wie beispielsweise die Vereinfachung des Datenaustauschs, die Beseitigung manueller Dateneingabe oder die Schaffung einer zentralisierten Informationsansicht. Klare Ziele stellen sicher, dass die Integrationsbemühungen mit den strategischen Prioritäten und den gewünschten Ergebnissen Ihrer Organisation übereinstimmen.

Richtigen Integrationsansatz auswählen

Wählen Sie den geeignetsten Integrationsansatz basierend auf den Bedürfnissen Ihrer Organisation, den Fähigkeiten und den zu integrierenden Systemen. Gängige Integrationsansätze sind beispielsweise Anwendungsprogrammierschnittstellen (APIs), Datenkonnektoren, Middleware-Plattformen und maßgeschneiderte Integrationslösungen. Bewerten Sie die Vor- und Nachteile jedes Ansatzes und wählen Sie denjenigen aus, der am besten zu Ihren Integrationsanforderungen passt.

Zusammenarbeit mit IT-Experten und Softwareanbietern

Arbeiten Sie mit Ihrem internen IT-Team und dem Softwareanbieter zusammen, um deren Fachwissen und Anleitung während des Integrationsprozesses zu nutzen. Führen Sie eine offene Kommunikation durch und etablieren Sie eine Partnerschaft, um eine reibungslose Integration zu gewährleisten. Nutzen Sie ihr Wissen über die Integrationsfähigkeiten der Software und suchen Sie ihren Rat zu bewährten Praktiken, potenziellen Herausforderungen und Minderungsstrategien.

Daten- und Prozessflüsse abbilden

Skizzieren Sie die Daten- und Prozessflüsse zwischen den bestehenden Systemen und der zu integrierenden Software. Identifizieren Sie die Datenelemente, die zwischen den Systemen ausgetauscht, geteilt oder synchronisiert werden müssen. Verstehen Sie, wie verschiedene Prozesse in Ihrer Organisation mit der integrierten Software interagieren, und definieren Sie die optimalen Daten- und Prozessflüsse.

Datenintegrität und Konsistenz sicherstellen

Achten Sie während des Integrationsprozesses besonders auf die Datenintegrität und -konsistenz. Implementieren Sie Mechanismen zur Datenvalidierung und -bereinigung, um sicherzustellen, dass die Daten in den Systemen genau, vollständig und konsistent sind. Definieren Sie Datenzuordnungs- und Transformationsregeln, um sicherzustellen, dass die Daten von der integrierten Software richtig interpretiert und genutzt werden.

Planen und Durchführen von Integrationsprüfungen

Entwickeln Sie einen umfassenden Plan für Integrationsprüfungen, um die Integrationslösung zu validieren. Testen Sie verschiedene Szenarien und Anwendungsfälle, um einen nahtlosen Datenaustausch, eine ordnungsgemäße Funktionalität und Systemkompatibilität sicherzustellen. Führen Sie sowohl Unit-Tests (Tests einzelner Komponenten) als auch End-to-End-Tests (Tests des integrierten Systems als Ganzes) durch, um etwaige Integrationsprobleme oder Anomalien zu identifizieren und zu lösen.

Überwachungs- und Fehlerbehandlungsmechanismen etablieren

Implementieren Sie Überwachungsmechanismen, um die Leistung und Zuverlässigkeit der integrierten Systeme zu verfolgen. Richten Sie Warnmeldungen und Benachrichtigungen ein, um Integrationfehler oder -ausfälle frühzeitig zu erkennen. Etablieren Sie Prozesse zur Fehlerbehandlung und definieren Sie Eskalationswege, um Integration-bezogene Probleme schnell zu identifizieren und zu lösen.

Sicherheit und Compliance sicherstellen

Priorisieren Sie Sicherheits- und Compliance-Überlegungen bei der Integration. Implementieren Sie geeignete Sicherheitsmaßnahmen zum Schutz von

Daten während der Übertragung und Speicherung. Stellen Sie sicher, dass die integrierten Systeme den regulatorischen Anforderungen und Branchenstandards entsprechen. Führen Sie regelmäßige Sicherheitsaudits und -bewertungen durch, um potenzielle Sicherheitslücken zu identifizieren und zu mindern.

Schulung und Unterstützung anbieten

Bieten Sie Schulung und Unterstützung für Benutzer und Interessengruppen, die in die integrierten Systeme involviert sind. Stellen Sie sicher, dass sie verstehen, wie die Integration funktioniert, wie auf integrierte Daten zugegriffen wird und wie integrierte Funktionen effektiv genutzt werden können. Bieten Sie kontinuierliche Unterstützungskanäle, um etwaige integrationbezogene Fragen oder Probleme zu behandeln, die auftreten können.

Durch Befolgung dieser bewährten Praktiken können Organisationen Software erfolgreich mit bestehenden Systemen integrieren, was zu nahtlosem Datenaustausch, Prozessoptimierung und insgesamt verbesserter Effizienz führt. Die Integration ermöglicht es Organisationen, die Fähigkeiten verschiedener Systeme zu nutzen, eine einheitliche Sicht auf Informationen zu schaffen und Silos zu beseitigen, was zu verbesserten Entscheidungsprozessen und gesteigerter betrieblicher Effektivität führt.

Überwachen und Messen der Softwareleistung

Die Überwachung und Messung der Softwareleistung ist unerlässlich, um eine optimale Funktionalität sicherzustellen, Bereiche für Verbesserungen zu identifizieren und Effizienz zu maximieren. Kapitel 4 von "Die Kunst der Unternehmenssoftware: Ein umfassender Leitfaden für den Erfolg" behandelt Strategien und bewährte Praktiken zur Überwachung und Messung der Softwareleistung. In diesem Abschnitt gehen wir auf wichtige Überlegungen und Ansätze ein, um die Softwareleistung effektiv zu überwachen und zu messen.

Schlüsselkennzahlen (KPIs) festlegen

Definieren Sie relevante Key Performance Indicators (KPIs), die mit den Zielen und Zielen Ihrer Organisation übereinstimmen. Diese KPIs können Metriken wie Reaktionszeit, Systemverfügbarkeit, Fehlerquoten, Benutzerakzeptanzraten oder Aufgabenabschlusszeit umfassen. Die Festlegung von KPIs bietet einen Maßstab zur Bewertung der Softwareleistung und zur Identifizierung von Bereichen, die Aufmerksamkeit erfordern.

Leistungsüberwachungstools verwenden

Nutzen Sie Leistungsüberwachungstools, die Echtzeiteinblicke in die Softwareleistung bieten. Diese Tools können wichtige Metriken verfolgen, Leistungsberichte generieren und Benachrichtigungen senden, wenn Probleme oder Anomalien erkannt werden. Wählen Sie Überwachungstools aus, die mit Ihrer Software kompatibel sind und eine genaue Sicht auf die Systemleistung bieten können.

Verfügbarkeit und Reaktionszeit des Systems überwachen

Verfolgen Sie die Verfügbarkeit und Reaktionszeit der Software, um sicherzustellen, dass sie gewünschte Service-Level-Vereinbarungen (SLAs) und Benutzererwartungen erfüllt. Überwachen Sie die Systemverfügbarkeit und Reaktionszeiten für verschiedene Aufgaben oder Funktionen. Dies ermöglicht es Ihnen, Performance-Engpässe oder Bereiche zu identifizieren, in denen Verbesserungen vorgenommen werden können, um die Benutzererfahrung und die Gesamteffizienz zu verbessern.

Benutzerakzeptanz und Engagement überwachen

Messen Sie die Benutzerakzeptanz und das Engagement, um die Wirksamkeit der Software zu beurteilen. Verfolgen Sie Metriken wie Benutzeranmeldungen, aktive Benutzer, Funktionsnutzung oder Benutzerfeedback. Dies hilft dabei, Bereiche zu identifizieren, in denen zusätzliche Schulung oder Unterstützung erforderlich sein kann, um die Benutzerakzeptanz zu verbessern und den Wert der Software optimal zu nutzen.

Benutzererfahrungstests durchführen

Führen Sie regelmäßig Benutzererfahrungstests durch, um die Benutzerfreundlichkeit und die Benutzerzufriedenheit der Software zu bewerten. Sammeln Sie Feedback von Endbenutzern durch Umfragen, Interviews oder Testsitzungen zur Benutzererfahrung. Dieses Feedback liefert Einblicke, wie die Software verbessert werden kann, um besser auf Benutzerbedürfnisse einzugehen, Prozesse zu optimieren und die Gesamteffizienz zu steigern.

Leistungsdaten analysieren

Analysieren Sie die gesammelten Leistungsdaten, um Muster, Trends oder Anomalien zu identifizieren. Suchen Sie nach Bereichen, in denen die Leistung möglicherweise suboptimal ist, wie zum Beispiel langsame Reaktionszeiten, häufige Fehler oder ineffiziente Workflows. Verwenden Sie Datenanalysetechniken, um Ursachen zu ermitteln und datenbasierte Entscheidungen zur Optimierung der Softwareleistung zu treffen.

Durchführung von Last- und Stresstests

Führen Sie Last- und Stresstests durch, um zu bewerten, wie die Software unter schweren Arbeitslasten oder Spitzenlastzeiten funktioniert. Simulieren Sie Szenarien, die reale Bedingungen repräsentieren, um die Skalierbarkeit, Stabilität und Leistungsgrenzen der Software zu bewerten. Diese Tests helfen dabei, potenzielle Leistungsengpässe zu identifizieren und ermöglichen es Ihnen, Systemressourcen und Konfigurationen entsprechend zu optimieren.

Regelmäßige Überprüfung und Aktualisierung von Leistungszielen

Überprüfen Sie regelmäßig und aktualisieren Sie Leistungsziele basierend auf sich ändernden Geschäftsanforderungen und technologischen Fortschritten. Bewerten Sie in regelmäßigen Abständen die Relevanz bestehender KPIs und erwägen Sie die Integration neuer Kennzahlen, die mit aufkommenden Bedürfnissen oder Trends übereinstimmen. Dies stellt sicher, dass die Leistungsmessung mit den organisatorischen Zielen übereinstimmt und eine effektive Leistungssteuerung ermöglicht.

Kontinuierliche Optimierung und Verbesserung der Leistung

Verwenden Sie die aus der Leistungsüberwachung gewonnenen Erkenntnisse, um Bereiche für Verbesserungen und Optimierungen zu identifizieren. Implementieren Sie Verbesserungen, Updates oder Konfigurationen, die Leistungsengpässe angehen oder bewährten Branchenpraktiken entsprechen. Optimieren Sie die Software kontinuierlich, um sicherzustellen, dass sie mit Spitzenleistung arbeitet und die Effizienz der Organisation unterstützt.

Förderung einer Kultur kontinuierlicher Verbesserung

Fördern Sie eine Kultur kontinuierlicher Verbesserung in der Organisation. Ermutigen Sie Interessengruppen, aktiv an der Leistungsüberwachung, -analyse und -verbesserung teilzunehmen. Schaffen Sie eine kooperative Umgebung, in der Feedback geschätzt wird und die Optimierung der Leistung als gemeinsame Verantwortung betrachtet wird. Diese Kultur der kontinuierlichen Verbesserung treibt fortlaufende Verbesserungen der Softwareleistung und der gesamten organisatorischen Effizienz voran.

Durch die Befolgung dieser bewährten Praktiken können Organisationen die Leistung der Software effektiv überwachen und messen, was ihnen ermöglicht, Leistungsprobleme proaktiv zu identifizieren und anzugehen, Arbeitsabläufe zu optimieren und die betriebliche Effizienz kontinuierlich zu verbessern. Regelmäßige Leistungsüberwachung und -analyse helfen Organisationen, im Einklang mit ihren Zielen zu bleiben, eine positive Benutzererfahrung zu bieten und den Wert ihrer Softwareinvestitionen zu maximieren.

KAPITEL 5
Sicherheit und Datenschutz

Kapitel 5 von "Die Kunst der Unternehmenssoftware: Ein umfassender Leitfaden für Erfolg" konzentriert sich auf Sicherheit und Datenschutz. In der heutigen digitalen Landschaft sind der Schutz sensibler Informationen und die Sicherstellung der Integrität von Daten von höchster Bedeutung für Organisationen. Dieses Kapitel erkundet Strategien und bewährte Praktiken für die Aufrechterhaltung robuster Sicherheitsmaßnahmen und den Schutz wertvoller Datenressourcen.

Das Kapitel beginnt damit, die Bedeutung der Schaffung eines umfassenden Sicherheitsrahmens zu betonen. Es hebt die Notwendigkeit hervor, dass Organisationen eine Sicherheitsrichtlinie entwickeln, die Sicherheitsziele, Rollen und Verantwortlichkeiten sowie Verfahren zum Schutz von Daten- und Softwareressourcen festlegt. Ein gut definierter Sicherheitsrahmen bietet eine Roadmap für die Implementierung effektiver Sicherheitskontrollen und die Minimierung von Risiken.

Als nächstes geht das Kapitel auf die kritischen Aspekte der Zugangskontrolle und der Benutzerverwaltung ein. Es erkundet Strategien zur Verwaltung von Benutzerzugriffsprivilegien, zur Implementierung starker Authentifizierungsmechanismen und zur Durchsetzung des Prinzips des geringsten Privilegs. Durch die ordnungsgemäße Verwaltung des Benutzerzugriffs können Organisationen das Risiko unbefugter Datenverstöße reduzieren und sicherstellen, dass sensible Informationen nur von autorisierten Personen zugänglich sind.

Das Kapitel behandelt dann die Bedeutung der Datenverschlüsselung und der Verschlüsselungsprotokolle. Es erläutert die Bedeutung der Verschlüsselung von Daten im Ruhezustand und während der Übertragung, um sie vor unbefugtem Zugriff zu schützen. Das Kapitel erkundet verschiedene Verschlüsselungsmethoden, wie symmetrische und asymmetrische Verschlüsselung, und hebt die Rolle von Verschlüsselungsprotokollen bei der Sicherung von Datentransfers hervor. Die Implementierung robuster Verschlüsselungsmaßnahmen hilft, die Vertraulichkeit und Integrität von Daten zu schützen.

Des Weiteren betont das Kapitel die Bedeutung regelmäßiger Datensicherungen und der Notfallwiederherstellungsplanung. Es hebt die Notwendigkeit hervor, Backup-Verfahren festzulegen, regelmäßige Backups zu planen und Datenwiederherstellungsprozesse zu testen. Durch die Aufrechterhaltung aktueller Backups und die Implementierung von Notfallwiederherstellungsstrategien können Organisationen die Auswirkungen von Datenverlust oder Systemausfällen abmildern und die Geschäftskontinuität sicherstellen.

Das Kapitel behandelt auch die Bedeutung des Schwachstellenmanagements und des Patch-Managements. Es hebt die Notwendigkeit hervor, über Software-Schwachstellen informiert zu bleiben, Sicherheitspatches rechtzeitig anzuwenden und regelmäßige Schwachstellenbewertungen durchzuführen. Durch proaktives Management von Schwachstellen können Organisationen das Risiko von

Cyberangriffen reduzieren und eine sichere Softwareumgebung aufrechterhalten.

Darüber hinaus diskutiert das Kapitel die Bedeutung der Benutzerwahrnehmung und Schulung zur Aufrechterhaltung der Sicherheit. Es betont die Notwendigkeit, Benutzer über bewährte Sicherheitspraktiken aufzuklären, wie beispielsweise Passwortsicherheit, Sensibilisierung für Phishing und Prävention von Social Engineering. Durch die Förderung einer Sicherheitsbewusstseinskultur und die Bereitstellung kontinuierlicher Schulungen können Organisationen Benutzer befähigen, eine aktive Rolle beim Schutz von Daten- und Softwareressourcen zu spielen.

Das Kapitel schließt mit der Diskussion der Einhaltung relevanter Vorschriften und Standards. Es betont die Notwendigkeit, dass Organisationen geltende Datenschutz- und Datenschutzvorschriften, branchenspezifische Standards und rechtliche Anforderungen verstehen und einhalten. Die Einhaltung hilft dabei, Kundendaten zu schützen, das Vertrauen aufrechtzuerhalten und das Risiko rechtlicher und reputationaler Konsequenzen zu minimieren.

Zusammenfassend bietet Kapitel 5 den Lesern ein umfassendes Verständnis für Sicher

heit und Datenschutz im Kontext von Unternehmenssoftware. Durch die Schaffung eines robusten Sicherheitsrahmens, die Implementierung von Zugangskontrollen, die Verschlüsselung von Daten, die Aufrechterhaltung von Backups, das Management von Schwachstellen, die Förderung von Benutzerbewusstsein und die Sicherstellung der Einhaltung können Organisationen ihre wertvollen Datenressourcen proaktiv schützen, Risiken minimieren und eine sichere Softwareumgebung aufrechterhalten.

Bedeutung von Cybersicherheit in Unternehmenssoftware

In der heutigen digitalen Landschaft spielt Cybersicherheit eine entscheidende Rolle, um Organisationen vor Cyberbedrohungen zu schützen und die Integrität, Vertraulichkeit und Verfügbarkeit ihrer Daten- und Softwareressourcen sicherzustellen. Unternehmenssoftware ist ein integraler Bestandteil der betrieblichen Abläufe und muss mit robusten Cybersicherheitsmaßnahmen ausgestattet sein. Dieser Abschnitt erkundet die Bedeutung von Cybersicherheit in Unternehmenssoftware und die Gründe, warum Organisationen dies priorisieren sollten.

Schutz vor Datenverstößen

Datenverstöße können schwerwiegende Folgen haben, darunter finanzielle Verluste, Rufschädigung und rechtliche und behördliche Sanktionen. Unternehmenssoftware speichert und verarbeitet oft sensible Informationen wie Kundendaten, geistiges Eigentum und Finanzdaten. Robuste Cybersicherheitsmaßnahmen in Unternehmenssoftware schützen diese Informationen und verringern das Risiko von Datenverstößen, wodurch die Organisation und ihre Stakeholder geschützt werden.

Schutz des geistigen Eigentums

Viele Unternehmen verlassen sich auf geistiges Eigentum als Kernvermögen, einschließlich Geschäftsgeheimnissen, proprietären Algorithmen oder vertraulichen Geschäftsstrategien. Cybersicherheitsmaßnahmen in Unternehmenssoftware schützen diese wertvollen Vermögenswerte vor unbefugtem Zugriff, Diebstahl oder Ausbeutung. Durch die Sicherung der Software, die geistiges Eigentum verwaltet und speichert, können Organisationen ihren Wettbewerbsvorteil aufrechterhalten und ihre Innovationen schützen.

Verringerung von finanziellen Verlusten

Cybersicherheitsvorfälle können zu erheblichen finanziellen Verlusten für Organisationen führen. Cyberangriffe können zu Finanzbetrug, Lösegeldforderungen oder Störungen des Geschäftsbetriebs führen, was zu Umsatzverlusten und erhöhten Kosten für die Reaktion auf Vorfälle und die Wiederherstellung führt. Starke Cybersicherheitsmaßnahmen in Unternehmenssoftware tragen dazu bei, diese finanziellen Risiken zu mindern, indem die Wahrscheinlichkeit und Auswirkung erfolgreicher Cyberangriffe verringert wird.

Erhalt des Kundenvertrauens

Kundenvertrauen ist für den Erfolg jeder Organisation von entscheidender Bedeutung. Wenn Kunden einem Unternehmen ihre Daten anvertrauen, erwarten sie, dass diese sicher und verantwortungsbewusst behandelt werden. Die Implementierung robuster Maßnahmen zur Cybersicherheit in Unternehmenssoftware, die das Handling sensibler Informationen schützen, bewahrt das Vertrauen der Kunden. Es versichert Kunden, dass ihre sensiblen Informationen geschützt sind, fördert langfristige Beziehungen und erhält ein positives Markenbild.

Sicherstellung der Einhaltung von Vorschriften

Organisationen unterliegen verschiedenen Datenschutz- und Datenschutzvorschriften wie der Allgemeinen Datenschutzverordnung

(DSGVO) oder dem California Consumer Privacy Act (CCPA). Unternehmenssoftware muss diesen Vorschriften entsprechen, um rechtliche Konsequenzen und Reputationsschäden zu vermeiden. Durch die Implementierung von Cybersicherheitsmaßnahmen zeigen Organisationen ihr Engagement für den Datenschutz und erfüllen ihre Compliance-Verpflichtungen.

Verhinderung von Betriebsstörungen

Cybersicherheitsvorfälle können zu Betriebsstörungen führen, von Netzwerkausfällen bis zum Verlust kritischer Daten. Unternehmenssoftware ist oft eine wesentliche Komponente des täglichen Betriebs, und jeder Kompromiss in ihrer Sicherheit kann die Produktivität beeinträchtigen und operationelle Verzögerungen verursachen. Robuste Cybersicherheitsmaßnahmen gewährleisten die Kontinuität und reibungslose Funktion der Unternehmenssoftware, minimieren Störungen und erhalten die betriebliche Effizienz.

Schutz vor fortschrittlichen Bedrohungen

Cyberbedrohungen entwickeln sich kontinuierlich weiter, und anspruchsvolle Angriffe werden immer häufiger. Unternehmenssoftware muss diesen Bedrohungen durch die Implementierung fortschrittlicher Cybersicherheitsmaßnahmen voraus sein. Dazu gehören Intrusion Detection and Prevention Systeme, Echtzeit-Bedrohungsinformationen und proaktives Schwachstellenmanagement. Durch die Integration dieser Sicherheitsfunktionen in die Unternehmenssoftware können Organisationen sich effektiv gegen fortschrittliche Bedrohungen verteidigen.

Wahrung des Markenrufs

Ein Cybersicherheitsvorfall kann den Ruf einer Organisation erheblich schädigen. Negative Publicity im Zusammenhang mit einem Datenverstoß oder Cyberangriff kann das Vertrauen der Kunden untergraben und potenzielle Kunden davon abhalten, sich mit der Organisation zu befassen. Die Priorisierung der Cybersicherheit in Unternehmenssoftware hilft, den Markenruf zu schützen, indem sie das Engagement zum Schutz sensibler Informationen demonstriert und eine sichere Umgebung für Stakeholder aufrechterhält.

Zusammenfassend ist die Cybersicherheit in Unternehmenssoftware von größter Bedeutung, um vor Datenverstößen zu schützen, geistiges Eigentum zu sichern, finanzielle Verluste zu mindern, das Kundenvertrauen zu bewahren, die Einhaltung von Vorschriften zu gewährleisten, Betriebsstörungen zu verhindern, sich gegen fortschrittliche Bedrohungen zu verteidigen und den Markenruf zu wahren. Indem Organisationen Cybersicherheitsmaßnahmen in ihrer Software priorisieren, können sie eine starke Sicherheitsposition aufbauen und ihre kritischen Vermögenswerte in der heutigen zunehmend digitalen und vernetzten Welt schützen.

Umsetzung von Datenschutzmaßnahmen

Die Implementierung robuster Datenschutzmaßnahmen ist entscheidend, um sensible Informationen zu schützen und die Integrität von Daten in einer Organisation zu gewährleisten. Kapitel 5 von "Die Kunst der Unternehmenssoftware: Ein umfassender Leitfaden für Erfolg" konzentriert sich auf Datenschutz und Sicherheit. In diesem Abschnitt erkunden wir wesentliche Überlegungen und bewährte Praktiken für die Implementierung effektiver Datenschutzmaßnahmen.

Dateneinstufung

Beginnen Sie mit der Einstufung Ihrer Daten basierend auf ihrer Sensibilität und Bedeutung. Kategorisieren Sie Daten in verschiedene Sensibilitätsstufen, wie öffentlich, intern, vertraulich und hochsensibel. Diese Einstufung hilft dabei, den geeigneten Schutz für jede Kategorie festzulegen und die Implementierung von Datenschutzmaßnahmen zu lenken.

Zugangskontrolle und Benutzerberechtigungen

Implementieren Sie starke Zugangskontrollmechanismen, um den Zugriff auf sensible Daten einzuschränken. Erzwingen Sie das Prinzip des geringsten Privilegs und gewähren Sie Zugriffsrechte basierend auf Jobrollen und Verantwortlichkeiten. Überprüfen und aktualisieren Sie regelmäßig die Benutzerberechtigungen, um sicherzustellen, dass der Zugriff nur auf "Need-to-know"-Basis gewährt wird. Implementieren Sie die Zwei-Faktor-Authentifizierung für eine zusätzliche Sicherheitsebene beim Zugriff auf sensible Daten.

Verschlüsselung

Nutzen Sie Verschlüsselungstechniken, um Daten im Ruhezustand und während der Übertragung zu schützen. Verschlüsseln Sie sensible Daten mithilfe starker Verschlüsselungsalgorithmen und stellen Sie sicher, dass Verschlüsselungsschlüssel sicher verwaltet werden. Dazu gehört die Verschlüsselung von Daten, die in Datenbanken, Dateisystemen und Backups gespeichert sind, sowie von Daten, die über Netzwerke übertragen oder auf tragbaren Geräten gespeichert werden.

Die Verschlüsselung bietet eine zusätzliche Schutzebene, selbst wenn unbefugter Zugriff erfolgt.

Prävention von Datenverlust

Implementieren Sie Maßnahmen zur Verhinderung von Datenverlust, um unbeabsichtigtes oder absichtliches Datenleck zu verhindern. Verwenden Sie DLP-Software oder -Lösungen, die unbefugten Transfer, Speicherung oder Austausch sensibler Daten erkennen und verhindern können. Konfigurieren Sie DLP-Regeln, um sensible Daten basierend auf vordefinierten Richtlinien zu überwachen und zu blockieren. Dadurch werden Datenverstöße verhindert und die Vertraulichkeit von Daten gewahrt.

Regelmäßige Datensicherungen

Legen Sie eine robuste Datensicherungsstrategie fest, um die Verfügbarkeit und Widerstandsfähigkeit von Daten sicherzustellen. Sichern Sie regelmäßig kritische Daten mithilfe zuverlässiger Backup-Lösungen. Erwägen Sie eine Kombination aus lokalen und externen Backups, um vor physischen Schäden oder Katastrophen geschützt zu sein. Testen Sie periodisch die Datenwiederherstellungsverfahren, um die Integrität und Zugänglichkeit der Backup-Daten zu überprüfen.

Sichere Datenspeicherung

Implementieren Sie sichere Praktiken zur Datenspeicherung, um Daten vor unbefugtem Zugriff oder Diebstahl zu schützen. Verwenden Sie sichere Speicherlösungen wie verschlüsselte Datenbanken oder Dateisysteme, um sensible Informationen zu speichern. Patchen und aktualisieren Sie Speichersysteme regelmäßig, um Sicherheitslücken zu beheben. Implementieren Sie starke Zugangskontrollen und

Überwachungsmechanismen, um sicherzustellen, dass nur autorisierte Personen auf gespeicherte Daten zugreifen und diese ändern können.

Datenaufbewahrung und -entsorgung

Legen Sie Richtlinien für die Datenaufbewahrung fest, um die angemessene Dauer für die Speicherung von Daten zu bestimmen. Überprüfen Sie regelmäßig und entsorgen Sie Daten, die nicht mehr notwendig sind oder von rechtlichen oder regulatorischen Verpflichtungen gefordert werden. Verwenden Sie sichere Methoden zur Datenvernichtung beim Entsorgen von Speichermedien, um die Wiederherstellung von Daten zu verhindern

. Durch die Implementierung angemessener Datenaufbewahrungs- und Entsorgungspraktiken können Organisationen das Risiko einer Datenexposition minimieren.

Sicherheitsbewusstsein und Schulung

Fördern Sie das Sicherheitsbewusstsein bei Mitarbeitern durch umfassende Schulungsprogramme. Bilden Sie Mitarbeiter über bewährte Datenschutzpraktiken wie sichere Passwortnutzung, Prävention von Phishing-Angriffen und sichere Datenverarbeitung aus. Betonen Sie die Bedeutung des Datenschutzes und schaffen Sie eine Kultur des Sicherheitsbewusstseins in der Organisation. Kommunizieren Sie regelmäßig Sicherheitsupdates und aufkommende Bedrohungen, um die Mitarbeiter informiert und wachsam zu halten.

Incident Response und Berichterstattung

Legen Sie einen Plan für die Reaktion auf Vorfälle fest, um Datenverstöße oder Sicherheitsvorfälle effektiv zu behandeln. Definieren Sie Rollen, Verantwortlichkeiten und Eskalationsverfahren, um eine koordinierte Reaktion sicherzustellen. Implementieren Sie Mechanismen zur Erkennung, Meldung und Reaktion auf Sicherheitsvorfälle prompt. Führen Sie regelmäßig Incident Response-Übungen und Simulationen durch, um die Effektivität des Plans zu testen und Verbesserungsbereiche zu identifizieren.

Regelmäßige Sicherheitsaudits und Bewertungen

Führen Sie regelmäßige Sicherheitsaudits und Bewertungen durch, um die Effektivität von Datenschutzmaßnahmen zu bewerten. Führen Sie Schwachstellenbewertungen, Penetrationstests und Sicherheitsaudits durch, um potenzielle Schwachstellen zu identifizieren und zu beheben. Bleiben Sie über sich entwickelnde Sicherheitsbedrohungen informiert und wenden Sie Sicherheitspatches und -updates zeitnah an. Regelmäßige Audits und Bewertungen helfen sicherzustellen, dass Datenschutzmaßnahmen robust und effektiv bleiben.

Durch die Implementierung dieser Datenschutzmaßnahmen können Organisationen ihre Sicherheitsposition stärken und sensible Informationen schützen. Effektiver Datenschutz schützt nicht nur vor Datenverstößen und Verstößen gegen Vorschriften, sondern stärkt auch das Vertrauen und das Selbstvertrauen der Kunden in das Engagement der Organisation für Datensicherheit.

Verwaltung von Benutzerzugriff und Berechtigungen

Die ordnungsgemäße Verwaltung von Benutzerzugriff und -berechtigungen ist ein entscheidender Aspekt für die Aufrechterhaltung der Datensicherheit und dafür, dass sensible Informationen innerhalb einer Organisation geschützt bleiben. Kapitel 5 von "Die Kunst der Unternehmenssoftware: Ein umfassender Leitfaden für Erfolg" behandelt die Bedeutung der Verwaltung von Benutzerzugriff und -berechtigungen. In diesem Abschnitt erkunden wir wesentliche Überlegungen und bewährte Praktiken für die effektive Verwaltung von Benutzerzugriff.

Rollenbasierte Zugriffskontrolle (RBAC)

Implementieren Sie ein Modell zur rollenbasierten Zugriffskontrolle (RBAC), um den Benutzerzugriff und die Berechtigungen zu verwalten. RBAC weist Benutzerberechtigungen aufgrund vordefinierter Rollen und Verantwortlichkeiten innerhalb der Organisation zu. Definieren Sie Rollen, die Jobfunktionen und Zugriffsbedürfnisse widerspiegeln, und weisen Sie jeder Rolle entsprechende Berechtigungen zu. Dieser Ansatz gewährleistet, dass Benutzer nur auf die für ihre Rollen erforderlichen Daten und Funktionen zugreifen können, wodurch das Risiko unbefugten Zugriffs reduziert wird.

Prinzip des geringsten Privilegs (PoLP)

Befolgen Sie das Prinzip des geringsten Privilegs (PoLP), wenn Sie Benutzerberechtigungen erteilen. Gewähren Sie Benutzern das minimale Maß an Zugriff, das für die effektive Ausführung ihrer Aufgaben erforderlich ist. Vermeiden Sie übermäßige Berechtigungen, die über das hinausgehen, was für ihre Rollen notwendig ist. Überprüfen und aktualisieren Sie regelmäßig die Benutzerberechtigungen, wenn sich Aufgaben verändern, um sicherzustellen, dass die Berechtigungen dem Prinzip des geringsten Privilegs entsprechen.

Benutzerbereitstellung und -entbindung

Etablieren Sie klare Prozesse für die Bereitstellung und Entbindung von Benutzern. Wenn neue Mitarbeiter an Bord kommen oder neuen Benutzern Zugriff gewährt wird, folgen Sie einem standardisierten

Prozess, um geeignete Rollen und Berechtigungen zuzuweisen. Ebenso sollten Sie bei einem Ausscheiden oder Wechsel eines Mitarbeiters innerhalb der Organisation deren Berechtigungen zeitnah entfernen oder anpassen. Effektive Benutzerbereitstellung und -entbindung minimieren das Risiko unbefugten Zugriffs, indem Berechtigungen rechtzeitig gewährt und entzogen werden.

Zwei-Faktor-Authentifizierung (2FA)

Implementieren Sie die Zwei-Faktor-Authentifizierung (2FA), um die Benutzerauthentifizierung und den Zugriffsschutz zu verbessern. 2FA erfordert, dass Benutzer einen zusätzlichen Authentifizierungsfaktor, wie einen temporären Code, der an ihr Mobilgerät gesendet wird, neben ihrem Benutzernamen und Passwort bereitstellen. Dies bietet eine zusätzliche Schutzebene gegen unbefugten Zugriff, selbst wenn Anmeldeinformationen kompromittiert sind.

Regelmäßige Zugriffsüberprüfungen

Führen Sie regelmäßige Zugriffsüberprüfungen durch, um sicherzustellen, dass Benutzerberechtigungen angemessen und aktuell bleiben. Überprüfen Sie in regelmäßigen Abständen die Benutzerzugriffsrechte und -berechtigungen, indem Sie sie mit Jobrollen und -verantwortlichkeiten vergleichen. Identifizieren Sie etwaige Unstimmigkeiten oder unnötige Berechtigungen und nehmen Sie prompt Anpassungen vor. Regelmäßige Zugriffsüberprüfungen tragen zur Aufrechterhaltung der Integrität der Zugriffskontrolle bei und minimieren das Risiko unbefugten Zugriffs.

Trennung von Aufgaben

Implementieren Sie die Trennung von Aufgaben (SoD), um Interessenkonflikte zu verhindern und das Risiko von Betrug zu reduzieren. Teilen Sie Aufgaben so auf, dass mehrere Personen kritische Aufgaben oder Prozesse abschließen müssen. Dadurch wird sichergestellt, dass kein einzelner Benutzer die vollständige Kontrolle oder den Zugriff auf sensible Funktionen oder Daten hat. SoD hilft, das Risiko von bösartigen Aktivitäten oder unbeabsichtigten Fehlern zu mindern, die durch übermäßige Zugriffsrechte entstehen können.

Zugriffsprotokollierung und -überwachung

Implementieren Sie Mechanismen zur Protokollierung und Überwachung, um Benutzeraktivitäten zu verfolgen und verdächtige oder unbefugte Zugriffsversuche zu erkennen. Halten Sie Protokolle über Benutzerzugriffe, Anmeldeversuche und kritische Systemaktivitäten aufrecht. Überwachen Sie diese Protokolle regelmäßig, um ungewöhnliche Muster oder potenzielle Sicherheitsvorfälle zu identifizieren. Untersuchen Sie prompt und ergreifen Sie angemessene Maßnahmen, wenn unbefugter Zugriff festgestellt wird.

Benutzerbewusstsein und Schulung

Bilden Sie Benutzer über ihre Rolle bei der Aufrechterhaltung der Datensicherheit und die Bedeutung einer verantwortungsvollen Zugriffsverwaltung aus. Bieten Sie Schulungen zu bewährten Verfahren für die Passwortsicherheit, das Erkennen von Phishing-Versuchen und die Einhaltung von Datenschutzrichtlinien an. Fördern Sie eine Kultur des Bewusstseins für Sicherheit bei den Benutzern und stellen Sie sicher, dass sie ihre Verantwortlichkeiten im Schutz sensibler Informationen verstehen.

Implementierung von Zugriffskontrollen in der Software

Nutzen Sie die Zugriffskontrollfunktionen, die von der Unternehmenssoftware selbst bereitgestellt werden. Nutzen Sie eingebaute Fähigkeiten, um Benutzerberechtigungen durchzusetzen, rollenbasierten Zugriff zu konfigurieren und die Datenichtbarkeit in der Software zu steuern. Stellen Sie sicher, dass die Zugriffskontrollen den Sicherheitsrichtlinien und -anforderungen Ihrer Organisation entsprechen.

Regelmäßige Sicherheitsaudits und Bewertungen

Führen Sie regelmäßige Sicherheitsaudits und Bewertungen durch, um die Effektivität von Benutzerzugriff und -berechtigungen zu bewerten. Führen Sie regelmäßige Überprüfungen der Benutzerberechtigungen, Zugriffsprotokolle und Benutzerbereitstellungsprozesse durch. Identifizieren und beheben Sie etwaige Lücken oder Schwachstellen in der Zugriffskontrolle. Regelmäßige Audits und Bewertungen gewährleisten, dass Benutzerzugriff und -berechtigungen den Sicherheitsrichtlinien der Organisation entsprechen

und im Laufe der Zeit sicher bleiben.

Durch die Umsetzung dieser bewährten Praktiken für die Verwaltung von Benutzerzugriff und -berechtigungen können Organisationen eine starke Datensicherheit aufrechterhalten, das Risiko unbefugten Zugriffs reduzieren und sensible Informationen vor möglichen Verstößen oder unbefugter Offenlegung schützen. Eine effektive Zugriffsverwaltung gewährleistet, dass Benutzer angemessenen Zugriff auf Daten und Funktionen haben, während die Vertraulichkeit, Integrität und Verfügbarkeit organisatorischer Ressourcen gewahrt werden.

Sicherstellung der Einhaltung von Datenschutzbestimmungen

Die Einhaltung von Datenschutzbestimmungen ist für Organisationen unerlässlich, um individuelle Datenschutzrechte zu schützen, Vertrauen aufrechtzuerhalten und das Risiko rechtlicher und reputationaler Konsequenzen zu mindern. Kapitel 5 von "Die Kunst der Unternehmenssoftware: Ein umfassender Leitfaden für Erfolg" betont die Bedeutung der Einhaltung von Datenschutzbestimmungen. In diesem Abschnitt untersuchen wir wesentliche Überlegungen und bewährte Praktiken zur Erreichung der Einhaltung von Datenschutzbestimmungen.

Verständnis der einschlägigen Datenschutzbestimmungen

Forschen Sie gründlich und verstehen Sie die Datenschutzbestimmungen, die für die Geschäftstätigkeiten Ihrer Organisation und die von ihr verarbeiteten Daten gelten. Zu den gängigen Bestimmungen gehören die Datenschutz-Grundverordnung (DSGVO), der California Consumer Privacy Act (CCPA) und der Health Insurance Portability and Accountability Act (HIPAA). Machen Sie sich mit den spezifischen Anforderungen, Pflichten und Grundsätzen vertraut, die in diesen Bestimmungen festgelegt sind.

Durchführung von Datenschutz-Folgenabschätzungen

Führen Sie Datenschutz-Folgenabschätzungen (PIAs) durch, um potenzielle Datenschutzrisiken im Zusammenhang mit Ihren Geschäftsprozessen, Softwareanwendungen und Datenverarbeitungspraktiken zu identifizieren und zu bewerten. Beurteilen Sie, wie personenbezogene Daten innerhalb Ihrer Organisation erfasst, gespeichert, verarbeitet und weitergegeben werden. Identifizieren Sie vorhandene Datenschutzlücken oder -schwachstellen und entwickeln Sie effektive Strategien zu ihrer Bewältigung.

Implementierung von Datenschutzrichtlinien und -verfahren

Entwickeln und implementieren Sie umfassende Datenschutzrichtlinien und -verfahren, die den Anforderungen von Datenschutzbestimmungen entsprechen. Diese Richtlinien sollten erläutern, wie personenbezogene Daten behandelt werden, einschließlich der Praktiken für die Datenerfassung, -speicherung, -aufbewahrung, -verarbeitung und -freigabe. Stellen Sie sicher, dass die Mitarbeiter über diese Richtlinien informiert und geschult sind, um eine konsistente Einhaltung der Datenschutzrichtlinien zu fördern.

Erlangung angemessener Einwilligung

Erhalten Sie die angemessene Einwilligung von Einzelpersonen, wenn Sie deren personenbezogene Daten erfassen und verarbeiten. Stellen Sie sicher, dass die eingeholte Einwilligung freiwillig, spezifisch, informiert und eindeutig ist. Kommunizieren Sie klar die Zwecke, für die die Daten verwendet werden, und etwaige Dritte, mit denen sie geteilt werden können. Bieten Sie den Personen die Möglichkeit, die

Einwilligung zurückzuziehen, und erläutern Sie die Auswirkungen eines solchen Rückzugs.

Umsetzung von Datenminimierungs- und Aufbewahrungspraktiken

Wenden Sie die Grundsätze der Datenminimierung an, indem Sie nur die personenbezogenen Daten erfassen und aufbewahren, die für bestimmte Zwecke erforderlich sind. Überprüfen und aktualisieren Sie regelmäßig die Praktiken zur Datenretention, um die Einhaltung von Datenschutzbestimmungen sicherzustellen. Legen Sie klare Richtlinien für die Aufbewahrungsdauer, Löschung oder Anonymisierung von Daten fest, um die Speicherung personenbezogener Daten auf das Notwendige zu beschränken.

Sicherung personenbezogener Daten

Setzen Sie angemessene Sicherheitsmaßnahmen ein, um personenbezogene Daten vor unbefugtem Zugriff, Offenlegung, Änderung oder Zerstörung zu schützen. Nutzen Sie Verschlüsselung, Zugriffskontrollen, Firewalls und andere Sicherheitstechnologien, um personenbezogene Daten zu schützen. Überprüfen Sie regelmäßig die Wirksamkeit von Sicherheitsmaßnahmen durch Audits und Penetrationstests und beheben Sie prompt identifizierte Schwachstellen oder Schwächen.

Bereitstellung von Datenschutzrechten für betroffene Personen

Ermöglichen Sie die Ausübung von Datenschutzrechten, wie sie von Datenschutzbestimmungen vorgeschrieben sind. Legen Sie Verfahren fest, damit Einzelpersonen auf ihre personenbezogenen Daten zugreifen, sie berichtigen, die Verarbeitung einschränken und löschen können. Reagieren Sie prompt auf Anfragen betroffener Personen und stellen Sie sicher, dass die erforderlichen Mechanismen vorhanden sind, um diese Anfragen innerhalb der festgelegten Fristen zu erfüllen.

Etablierung von Verfahren zur Reaktion auf Datenschutzverletzungen

Entwickeln Sie klare und umfassende Verfahren zur Reaktion auf Datenschutzverletzungen und deren Meldung. Etablieren Sie Incident-Response-Teams, definieren Sie Rollen und Verantwortlichkeiten und dokumentieren Sie die Schritte, die im Falle einer Datenschutzverletzung unternommen werden sollen. Stellen Sie sicher, dass Benachrichtigungen über Datenschutzverletzungen an betroffene Personen, Aufsichtsbehörden und andere relevante Parteien gesendet werden, wie es von Datenschutzbestimmungen vorgeschrieben ist.

Regelmäßige Schulung und Weiterbildung der Mitarbeiter

Bilden Sie die Mitarbeiter über die Bedeutung von Datenschutzbestimmungen, ihre Rolle und Verantwortlichkeiten bei der Einhaltung und die Auswirkungen von Nicht-Einhaltung aus. Bieten Sie regelmäßige Schulungs- und Sensibilisierungsprogramme an, die Datenschutz, Datenschutzprinzipien und bewährte Verfahren für den Umgang mit personenbezogenen Daten abdecken. Fördern Sie eine Kultur des Datenschutzbewusstseins innerhalb der Organisation.

Durchführung von Datenschutz-Audits und -Bewertungen

Führen Sie regelmäßig Datenschutz-Audits und -Bewertungen durch, um die Einhaltung von Datenschutzbestimmungen zu bewerten. Beurteilen Sie die Wirksamkeit von Datenschutzmaßnahmen, -richtlinien und -verfahren. Identifizieren Sie etwaige Bereiche der Nicht-Einhaltung oder potenzielle Datenschutzrisiken und ergreifen Sie angemessene Abhilfemaßnahmen.

Durch die gewissenhafte Einhaltung von Datenschutzbestimmungen können Organisationen individuelle Datenschutzrechte schützen, das Vertrauen der Kunden wahren und ihre Verpflichtung zur verantwortungsbewussten Datenverarbeitung demonstrieren. Die Einhaltung von Datenschutzbestimmungen hilft Organisationen nicht nur dabei, rechtliche und reputationale Risiken zu vermeiden, sondern fördert auch Transparenz, Rechenschaftspflicht und ethische Geschäftspraktiken im digitalen Zeitalter.

KAPITEL 6
Pflege und Aktualisierung von Unternehmenssoftware

Kapitel 6 von "Die Kunst der Unternehmenssoftware: Ein umfassender Leitfaden für Erfolg" konzentriert sich auf die wesentlichen Aspekte der Pflege und Aktualisierung von Unternehmenssoftware. In diesem Kapitel untersuchen wir die Bedeutung der Softwarewartung, die Vorteile regelmäßiger Updates und Upgrades sowie bewährte Praktiken für die effektive Verwaltung von Softwarewartung und -upgrades.

Das Kapitel beginnt damit, die Bedeutung der Softwarewartung hervorzuheben. Softwarewartung umfasst Aktivitäten wie Fehlerbehebungen, Leistungsoptimierungen, Sicherheitspatches und Kompatibilitätsupdates. Regelmäßige Wartung gewährleistet, dass die Software über die Zeit hinweg stabil, sicher und zuverlässig bleibt. Sie hilft bei der Behebung von Softwareproblemen, Verbesserung der Funktionalität und Steigerung der Benutzererfahrung.

Als Nächstes diskutiert das Kapitel die Vorteile der Aufrechterhaltung aktueller Software durch regelmäßige Updates und Upgrades. Updates beinhalten in der Regel inkrementelle Verbesserungen, Fehlerkorrekturen und geringfügige Funktionsverbesserungen, während Upgrades bedeutende Änderungen, neue Funktionen oder architektonische Verbesserungen einführen. Auf dem neuesten Stand zu bleiben, was Software-Updates und -Upgrades betrifft, bietet Vorteile wie verbesserte Sicherheit, erweiterte Funktionalität, gesteigerte Effizienz und Zugang zu den neuesten Technologien.

Das Kapitel erkundet anschließend bewährte Praktiken zur effektiven Verwaltung von Softwarewartung und -upgrades. Es betont die Bedeutung der Etablierung eines strukturierten Wartungsprozesses, der regelmäßige Überwachung, Fehlerverfolgung und Priorisierung von Wartungsaufgaben umfasst. Die Implementierung von Change-Management-Praktiken stellt sicher, dass Updates und Upgrades effizient geplant, getestet und implementiert werden, um Störungen des Geschäftsbetriebs zu minimieren.

Des Weiteren legt das Kapitel großen Wert auf eine umfassende Teststrategie. Testen Sie Software-Updates und -Upgrades gründlich in einer kontrollierten Umgebung, um etwaige Kompatibilitätsprobleme, funktionale Regressionen oder Leistungsauswirkungen zu identifizieren. Dies umfasst Modultests, Integrationstests und Benutzerakzeptanztests, um die Stabilität und Kompatibilität der Software mit vorhandenen Systemen und Arbeitsabläufen zu validieren.

Das Kapitel betont auch die Bedeutung der Aufrechterhaltung von Dokumentationen während des gesamten Softwarelebenszyklus. Die Dokumentation sollte Versionshinweise, Benutzerhandbücher und Versionskontrollinformationen enthalten. Sie erleichtert die effektive Kommunikation mit Stakeholdern, bietet Anleitungen zu neuen Funktionen und Änderungen und stellt sicher, dass Benutzer die notwendigen Informationen haben, um sich nahtlos an Updates und Upgrades anzupassen.

Zusätzlich betont das Kapitel die Bedeutung von Benutzerschulung und -unterstützung. Kommunizieren Sie Softwareänderungen und neue Funktionen an Benutzer durch Schulungsprogramme, Wissensaustauschsitzungen oder Online-Ressourcen. Stellen Sie angemessene Unterstützungskanäle wie Helpdesks oder Benutzercommunities bereit, um Benutzeranfragen und Probleme im Zusammenhang mit Software-Updates oder -Upgrades zu bearbeiten. Dies fördert die Benutzerakzeptanz, minimiert Widerstände gegenüber Veränderungen und maximiert den Wert, der aus Softwareverbesserungen gezogen wird.

Das Kapitel schließt damit ab, die Notwendigkeit kontinuierlicher Überwachung und Bewertung zu betonen. Beurteilen Sie regelmäßig die Effektivität von Softwareupdates und -upgrades durch Überwachung von Leistung, Benutzerfeedback und wichtigen Leistungsindikatoren (KPIs). Sammeln Sie Erkenntnisse von Benutzern, analysieren Sie Muster der Softwarenutzung und identifizieren Sie Möglichkeiten zur weiteren Optimierung oder Verbesserung.

Zusammenfassend hebt Kapitel 6 die Bedeutung der Pflege und Aktualisierung von Unternehmenssoftware hervor. Durch die effektive Verwaltung von Softwarewartung, das Aufrechterhalten von Updates und Upgrades, die Durchführung rigoroser Tests, die Bereitstellung von Dokumentation und Benutzerunterstützung sowie die kontinuierliche Bewertung der Softwareleistung können Organisationen sicherstellen, dass ihre Software robust, sicher und im Einklang mit den sich entwickelnden Geschäftsanforderungen bleibt.

Erstellung eines Softwarewartungsplans

Ein gut definierter Softwarewartungsplan ist für Organisationen unerlässlich, um die langfristige Stabilität, Leistungsfähigkeit und Zuverlässigkeit ihrer Unternehmenssoftware effektiv zu verwalten und sicherzustellen. Dieser Abschnitt hebt wesentliche Überlegungen und bewährte Praktiken zur Erstellung eines umfassenden Softwarewartungsplans hervor.

Ermitteln von Wartungszielen

Beginnen Sie damit, die Ziele Ihres Softwarewartungsplans zu ermitteln. Berücksichtigen Sie Faktoren wie Fehlerbehebungen, Sicherheitsupdates, Leistungsoptimierungen, Kompatibilitätsverbesserungen und Funktionsverbesserungen. Definieren Sie klar die Ziele und Prioritäten der Wartungsaktivitäten, um sie mit den organisatorischen Zielen und den Anforderungen der Benutzer abzustimmen.

Definition von Wartungsprozessen und -verfahren

Entwickeln Sie strukturierte Prozesse und Verfahren zur Verwaltung der Softwarewartung. Skizzieren Sie die Schritte zur Identifizierung, Priorisierung und Behebung von Wartungsaufgaben. Richten Sie Mechanismen für die Fehlerverfolgung, -berichterstattung und -lösung ein. Definieren Sie Rollen und Verantwortlichkeiten im Rahmen des Wartungsprozesses, um klare Zuständigkeiten und Verantwortlichkeit sicherzustellen.

Festlegen von Kriterien für Wartungspriorisierung

Legen Sie Kriterien für die Priorisierung von Wartungsaufgaben fest, basierend

auf Faktoren wie Schweregrad, Auswirkung auf den Geschäftsbetrieb und Benutzerfeedback. Kategorisieren Sie Wartungsaufgaben in verschiedene Prioritätsstufen, um Ressourcenallokation zu leiten und sicherzustellen, dass kritische Probleme zeitnah behoben werden. Dieses Priorisierungsframework optimiert die Wartungsbemühungen und konzentriert die Ressourcen auf die wirkungsvollsten Aufgaben.

Umsetzung von Change-Management-Praktiken

Übernehmen Sie Change-Management-Praktiken, um sicherzustellen, dass Softwareupdates und Wartungsaktivitäten ordnungsgemäß geplant, getestet und implementiert werden. Richten Sie einen Change-Management-Prozess ein, der Change-Anfragen, Auswirkungsbewertungen, Change-Genehmigungen und Rückrollpläne umfasst. Die Einhaltung von Change-Management-Praktiken minimiert Risiken und Störungen des Geschäftsbetriebs während der Wartungsaktivitäten.

Einführen von Test- und Qualitätsprüfungsverfahren

Schließen Sie gründliche Test- und Qualitätsprüfungsverfahren in Ihren Softwarewartungsplan ein. Entwickeln Sie eine umfassende Teststrategie, die funktionale Tests, Regressionstests und Leistungstests abdeckt. Testen Sie Softwareupdates und -korrekturen in einer kontrollierten Umgebung, um Kompatibilität, Stabilität und Qualität sicherzustellen. Implementieren Sie automatisierte Testtools und Frameworks, um den Testprozess zu optimieren.

Umsetzung von Versionskontrolle und Dokumentation

Nutzen Sie Versionskontrollsysteme zur Verwaltung von Softwarefreigaben und zur Nachverfolgung von Änderungen. Pflegen Sie klare Dokumentationen zu Softwareversionen, Versionshinweisen und bekannten Problemen. Dokumentieren Sie den Zweck und die Auswirkungen jeder Softwareaktualisierung oder Wartungsaufgabe. Diese Dokumentation erleichtert Stakeholdern das Verständnis der Änderungen und ermöglicht eine effektive Kommunikation während des Wartungsprozesses.

Bereitstellung von Benutzerunterstützung und Kommunikation

Etablieren Sie Kanäle für Benutzerunterstützung und Kommunikation in Bezug auf Softwarewartung. Kommunizieren Sie Wartungspläne, Updates und bekannte Probleme rechtzeitig an Benutzer. Bieten Sie klare Anweisungen und Dokumentationen dazu, wie Benutzer Probleme melden oder Unterstützung suchen können. Halten Sie offene Kommunikationswege zu Benutzern aufrecht, um ihre Anliegen anzusprechen, Schulungen anzubieten und Feedback zur Softwareleistung einzuholen.

Einführen von Überwachungs- und Evaluierungsmechanismen

Implementieren Sie Überwachungs- und Evaluierungsmechanismen, um die Wirksamkeit von Wartungsaktivitäten zu bewerten. Definieren Sie Schlüsselindikatoren für die Leistung (KPIs) und Metriken zur

Messung von Softwareleistung, Benutzerzufriedenheit und Auswirkungen von Wartungsbemühungen. Überprüfen Sie diese Metriken regelmäßig, sammeln Sie Benutzerfeedback und führen Sie Post-Wartungsbewertungen durch, um Bereiche zur Verbesserung und Optimierung zu identifizieren.

Planung zukünftiger Verbesserungen

Berücksichtigen Sie zukünftige Verbesserungen und Funktionserweiterungen als Teil des Softwarewartungsplans. Treten Sie mit Stakeholdern in Kontakt, sammeln Sie Benutzerfeedback und stimmen Sie Wartungsbemühungen mit sich entwickelnden Geschäftsanforderungen ab. Bewerten Sie kontinuierlich Markttrends, technologische Fortschritte und Benutzererwartungen, um Möglichkeiten zur Steigerung des Werts zu identifizieren und die Fähigkeiten der Software im Laufe der Zeit zu verbessern.

Kontinuierliche Verbesserung des Wartungsprozesses

Bewerten Sie regelmäßig die Effektivität des Softwarewartungsplans und suchen Sie nach Verbesserungsmöglichkeiten. Sammeln Sie Feedback von Stakeholdern, einschließlich Benutzern, Entwicklungsteams und IT-Personal, um Schwachstellen und Bereiche zur Optimierung zu identifizieren. Integrieren Sie aus vergangenen Wartungsaktivitäten gewonnene Erkenntnisse in den Plan, um zukünftige Wartungsprozesse und Ergebnisse zu verbessern.

Durch die Implementierung dieser bewährten Praktiken und die Etablierung eines umfassenden Softwarewartungsplans können Organisationen sicherstellen, dass ihre Unternehmenssoftware zuverlässig, sicher und im Einklang mit den sich entwickelnden

Anforderungen bleibt. Effektive Wartungspraktiken minimieren Ausfallzeiten, verbessern die Benutzerzufriedenheit und tragen zum langfristigen Erfolg der Softwareanwendung bei.

Durchführung regelmäßiger Updates und Patches

Regelmäßige Updates und Patches sind entscheidend, um die Sicherheit, Stabilität und Leistungsfähigkeit von Unternehmenssoftware aufrechtzuerhalten. Dieser Abschnitt skizziert die Bedeutung der Durchführung regelmäßiger Updates und Patches und betont bewährte Praktiken für die effektive Verwaltung dieser Prozesse.

Bedeutung von regelmäßigen Updates und Patches

Regelmäßige Updates und Patches sind wesentlich, um Schwachstellen, Fehler und Sicherheitsrisiken zu behandeln, die in der Software identifiziert wurden. Diese Updates können Fehlerkorrekturen, Leistungsverbesserungen, Kompatibilitätsverbesserungen und neue Funktionen umfassen. Durch das Halten der Software auf dem neuesten Stand können Organisationen sich vor aufkommenden Bedrohungen schützen, die Kompatibilität mit sich entwickelnden Technologien gewährleisten und die Benutzererfahrung optimieren.

Einen Prozess für Updates und Patches etablieren

Etablieren Sie einen systematischen Prozess zur Verwaltung von Updates und Patches. Definieren Sie Rollen und Verantwortlichkeiten für die beteiligten Personen in der Update- und Patchverwaltung, einschließlich Entwicklungsteams, IT-Personal und Stakeholdern. Entwickeln Sie Richtlinien und Verfahren, um sicherzustellen, dass Updates kontrolliert implementiert werden und die Geschäftsabläufe möglichst wenig gestört werden.

Über Updates und Patches informiert bleiben

Bleiben Sie über die Verfügbarkeit von Updates und Patches für die Unternehmenssoftware informiert. Überwachen Sie offizielle Softwarekanäle, Anbieterwebsites, Sicherheitsbulletins und Mailinglisten, um Benachrichtigungen über neue Versionen zu erhalten. Abonnieren Sie relevante Fachpublikationen und Sicherheitsnachrichtenquellen, um über aufkommende Schwachstellen und Sicherheitspatches auf dem Laufenden zu bleiben.

Updates und Patches priorisieren

Priorisieren Sie Updates und Patches basierend auf ihrer Dringlichkeit und Auswirkung auf die Funktionalität und Sicherheit der Software. Bewerten Sie den Schweregrad von Schwachstellen oder Fehlern, die von jedem Update und Patch behoben werden. Berücksichtigen Sie Faktoren wie das Potenzial für Datenverstöße, Systeminstabilität oder Compliance-Risiken. Konzentrieren Sie sich zuerst auf Updates mit hoher Priorität, um kritische Sicherheitsschwachstellen zeitnah anzugehen.

Updates und Patches testen

Bevor Updates und Patches in Produktionsumgebungen implementiert werden, testen Sie sie gründlich in einer kontrollierten Testumgebung. Dies umfasst funktionale Tests, Regressionstests und Leistungstests, um sicherzustellen, dass die Updates keine neuen Probleme einführen oder die Leistung der Software negativ beeinflussen. Entwickeln Sie einen umfassenden Testplan und verwenden Sie automatisierte Testtools, um den Testprozess zu optimieren.

Updates und Patches planen und terminieren

Entwickeln Sie einen gut definierten Plan und Zeitplan für die Implementierung von Updates und Patches. Berücksichtigen Sie Faktoren wie die Verfügbarkeit von Wartungsfenstern, Prioritäten des Geschäftsbetriebs und potenzielle Auswirkungen auf Benutzer. Informieren Sie relevante Stakeholder im Voraus über geplante Updates, um Störungen zu minimieren. Legen Sie Rückrollverfahren fest, um unvorhergesehene Probleme während der Updateimplementierung zu mildern.

Change-Management-Praktiken implementieren

Integrieren Sie Updates und Patches in die Change-Management-Praktiken der Organisation. Erstellen Sie einen Change-Anfrage-Prozess, um Updates und Patches zu dokumentieren und zu verfolgen. Führen Sie Auswirkungsbewertungen durch, um die potenziellen Auswirkungen auf bestehende Systeme, Integrationen oder Arbeitsabläufe zu bewerten. Holen Sie angemessene Genehmigungen für die Implementierung von Updates und Patches ein und stellen Sie sicher, dass die Change-Management-Protokolle eingehalten werden.

Backup- und Wiederherstellungsstrategien aufrechterhalten

Stellen Sie vor der Anwendung von Updates und Patches sicher, dass angemessene Backup- und Wiederherstellungsstrategien vorhanden sind. Führen Sie regelmäßige Backups kritischer Daten und Systemkonfigurationen durch. Testen Sie Verfahren zur Datenwiederherstellung, um sicherzustellen, dass Daten im Falle unvorhergesehener Probleme während des Update- oder Patchimplementierungsprozesses wiederhergestellt werden können.

Benutzer über Updates und Patches informieren

Kommunizieren Sie Updates und Patches effektiv an Benutzer und geben Sie klare Informationen zu den Änderungen, Fehlerkorrekturen und neuen Funktionen. Informieren Sie Benutzer über mögliche Störungen oder Systemausfallzeiten während des Updateprozesses. Bieten Sie Anweisungen und Unterstützungskanäle für Benutzer an, um Probleme zu melden oder Unterstützung in Bezug auf Updates oder Patches zu erhalten.

Den Update-Prozess überwachen und bewerten

Überwachen und bewerten Sie regelmäßig die Effektivität des Update- und Patch-Management-Prozesses. Verfolgen Sie Metriken wie die Erfolgsrate der Update-Implementierung, die Zeit bis zur Implementierung von Updates und die Benutzerzufriedenheit nach dem Update. Sammeln Sie Benutzerfeedback und gehen Sie gemeldeten Problemen umgehend nach. Verbessern Sie den Update-Prozess kontinuierlich basierend auf gewonnenen Erkenntnissen und Benutzereingaben.

Durch Befolgung dieser bewährten Praktiken können Organisationen sicherstellen, dass regelmäßige Updates und Patches effektiv und effizient durchgeführt werden. Die regelmäßige Aktualisierung der Unternehmenssoftware hilft dabei, deren Sicherheit, Leistung und Funktionalität aufrechtzuerhalten und ermöglicht es Organisationen, potenziellen Bedrohungen einen Schritt voraus zu sein und eine zuverlässige und sichere Softwareumgebung bereitzustellen.

Bewertung des Bedarfs an Software-Upgrades

Die Bewertung des Bedarfs an Software-Upgrades ist ein entscheidender Schritt zur Aufrechterhaltung einer effizienten und wettbewerbsfähigen Technologieinfrastruktur. Dieser Abschnitt diskutiert die Bedeutung der Beurteilung des Bedarfs an Software-Upgrades und gibt Anleitung zu effektiven Evaluierungspraktiken.

Geschäftsanforderungen und -ziele

Beginnen Sie damit, Software-Upgrades mit den Geschäftsanforderungen und -zielen der Organisation in Einklang zu bringen. Bewerten Sie, ob die aktuelle Softwareversion die sich entwickelnden Bedürfnisse der Organisation angemessen unterstützt. Berücksichtigen Sie Faktoren wie Skalierbarkeit, Leistung, Sicherheit, Kompatibilität mit anderen Systemen und die Fähigkeit zur Erfüllung von regulatorischen Anforderungen. Beurteilen Sie, ob ein Upgrade notwendig ist, um diese Anforderungen zu erfüllen und das Wachstum des Unternehmens voranzutreiben.

Sicherheitsschwachstellen und Patching

Eine der Hauptgründe für Software-Upgrades ist die Behebung von Sicherheitsschwachstellen. Beurteilen Sie regelmäßig die Sicherheitslage der aktuellen Softwareversion.

Informieren Sie sich über gemeldete Schwachstellen und die Verfügbarkeit von Sicherheitspatches. Bewerten Sie den Schweregrad und das potenzielle Ausmaß dieser Schwachstellen auf die Systeme und Daten der Organisation. Bestimmen Sie, ob ein Upgrade erforderlich ist, um kritische Sicherheitsbedenken anzugehen.

Funktionsverbesserungen und -funktionalität

Bewerten Sie die Verfügbarkeit neuer Funktionen und Funktionalitäten in der aktualisierten Softwareversion. Prüfen Sie, ob diese Verbesserungen mit den Geschäftszielen der Organisation übereinstimmen und einen Wettbewerbsvorteil bieten können. Beurteilen Sie, ob die neuen Funktionen die Produktivität verbessern, Prozesse optimieren, die Benutzererfahrung erhöhen oder die Integration mit anderen Systemen ermöglichen würden. Bestimmen Sie, ob die durch das Upgrade gebotenen Vorteile die für das Upgrade erforderliche Investition und Anstrengung rechtfertigen.

Ende der Lebensdauer und Support

Überprüfen Sie, ob die aktuelle Softwareversion das Ende ihrer Lebensdauer (EOL) erreicht hat oder bald nicht mehr vom Anbieter unterstützt wird. Nicht unterstützte Software kann wesentliche Sicherheitsupdates, Fehlerkorrekturen und technischen Support vermissen lassen, wodurch die Organisation Risiken ausgesetzt ist. Bewerten Sie die Auswirkungen der Verwendung einer nicht unterstützten Version und berücksichtigen Sie die Notwendigkeit eines Upgrades, um die fortlaufende Unterstützung durch den Anbieter, den Zugang zu Wartungsdiensten und die Einhaltung von Branchenstandards sicherzustellen.

Kosten-Nutzen-Analyse

Führen Sie eine Kosten-Nutzen-Analyse durch, um die finanziellen Auswirkungen des Software-Upgrades zu bewerten. Berücksichtigen Sie die mit dem Upgrade verbundenen Kosten, wie Lizenzgebühren, Migrationskosten, Schulungen und potenzielle Systemausfallzeiten während des Übergangs. Vergleichen Sie diese Kosten mit den erwarteten Vorteilen, wie erhöhte Produktivität, reduzierter Wartungsaufwand, verbesserte Sicherheit und erweiterte Funktionalität. Beurteilen Sie, ob die erwarteten Vorteile die für das Upgrade erforderliche Investition überwiegen.

Systemleistung und Skalierbarkeit

Bewerten Sie die aktuelle Systemleistung und Skalierbarkeitsgrenzen. Beurteilen Sie, ob die vorhandene Softwareversion den wachsenden Anforderungen der Organisation effektiv gerecht werden kann. Berücksichtigen Sie Faktoren wie Datenvolumen, Benutzeranzahl, Reaktionszeiten und Ressourcennutzung. Bestimmen Sie, ob ein Upgrade notwendig ist, um die Systemleistung zu verbessern, die Ressourcennutzung zu optimieren und zukünftiges Wachstum zu ermöglichen.

Benutzerfeedback und Zufriedenheit

Sammeln Sie Feedback von Endbenutzern über ihre Erfahrungen mit der aktuellen Softwareversion. Identifizieren Sie Schmerzpunkte, Benutzerfreundlichkeitsprobleme oder Funktionslücken, die in der aktualisierten Version behoben werden können. Bewertung der Zufriedenheitsniveaus der Benutzer und Bestimmung, ob ein Upgrade die Benutzererfahrung, die Produktivität und die Gesamtzufriedenheit verbessern würde.

Branchentrends und technologische Fortschritte

Bleiben Sie über Branchentrends und technologische Fortschritte auf dem Laufenden, die für die Software-Domäne relevant sind. Beurteilen Sie, ob die aktuelle Softwareversion mit aufkommenden Technologien und bewährten Praktiken der Branche übereinstimmt. Berücksichtigen Sie, ob ein Upgrade es der Organisation ermöglichen würde, neue Technologien wie Cloud Computing, künstliche Intelligenz oder Datenanalyse zu nutzen, um einen Wettbewerbsvorteil zu erlangen.

ROI bewerten

Bestimmen Sie die Return on Investment (ROI) im Zusammenhang mit dem Software-Upgrade. Beurteilen Sie die potenziellen Kosteneinsparungen, die gesteigerte Produktivität, das Umsatzwachstum oder die Wettbewerbsvorteile, die sich aus dem Upgrade ergeben können. Bewerten Sie den erwarteten Zeitrahmen für die Erzielung des ROI und setzen Sie ihn in Relation zu den finanziellen und strategischen Zielen der Organisation.

Konsultieren Sie Stakeholder und Experten

Engagieren Sie relevante Stakeholder, einschließlich IT-Teams, Geschäftsbereichen und Schlüsselanwendern, um ihre Meinungen und Einblicke in Bezug auf den Bedarf an Software-Upgrades zu sammeln. Holen Sie Ratschläge von Branchenexperten, Beratern oder Anbietervertretern ein, die wertvolle Anleitung aufgrund ihrer Fachkompetenz und Erfahrung bieten können.

Durch die Beurteilung des Bedarfs an Software-Upgrades unter Verwendung dieser Überlegungen können Organisationen informierte Entscheidungen treffen, die mit ihren Geschäftszielen, Sicherheitsanforderungen, Benutzerzufriedenheit und finanziellen Überlegungen übereinstimmen. Ein effektiver Evaluierungsprozess stellt sicher, dass Software-Upgrades mit einem klaren Verständnis der potenziellen Vorteile und Auswirkungen auf die Technologielandschaft der Organisation durchgeführt werden.

Verwaltung von Softwarelizenzen und Supportverträgen

Die effektive Verwaltung von Softwarelizenzen und Supportverträgen ist für Organisationen entscheidend, um die Einhaltung sicherzustellen, Kosten zu optimieren und den unterbrechungsfreien Zugang zu wichtigen Software-Ressourcen aufrechtzuerhalten. Dieser Abschnitt skizziert bewährte Praktiken für die Verwaltung von Softwarelizenzen und Supportverträgen.

Lizenzinventar und Dokumentation

Pflegen Sie ein aktuelles Inventar aller in der Organisation verwendeten Softwarelizenzen. Dokumentieren Sie die Details jeder Lizenz, einschließlich Anbieterinformationen, Lizenzschlüsseln, Bedingungen und Konditionen sowie der Anzahl autorisierter Benutzer oder Installationen. Zentralisieren Sie diese Informationen in einem Lizenzverwaltungssystem oder einer Datenbank, um eine einfache Zugänglichkeit und genaue Verfolgung sicherzustellen.

Compliance und Lizenzprüfungen

Überprüfen Sie regelmäßig die Einhaltung von Softwarelizenzen, um die Bedingungen jeder Lizenzvereinbarung einzuhalten. Führen Sie regelmäßige Lizenzprüfungen durch, um zu überprüfen, ob die Organisation die Software im autorisierten Umfang verwendet. Identifizieren Sie alle Fälle von Nicht-Einhaltung und ergreifen Sie geeignete Maßnahmen, um diese zu beheben, z. B. zusätzliche Lizenzen zu erwerben oder die Softwarenutzung anzupassen.

Lizenzoptimierung und Kostenkontrolle

Optimieren Sie die Nutzung von Softwarelizenzen, um Kosten zu minimieren und den Wert jeder Lizenz zu maximieren. Führen Sie eine gründliche Analyse der Lizenznutzung in der gesamten Organisation durch, um nicht ausgelastete oder ungenutzte Lizenzen zu identifizieren. Erwägen Sie die Implementierung von Lizenzverwaltungstools oder -lösungen, die Einblicke in Nutzungsverhalten bieten und eine Neuverteilung oder Konsolidierung von Lizenzen ermöglichen. Verhandeln Sie Mengenrabatte oder erkunden Sie alternative Lizenzmodelle, um Kosten zu optimieren.

Verwaltung von Erneuerungen und Ablaufdaten

Etablieren Sie einen proaktiven Ansatz zur Verwaltung von Lizenzverlängerungen und Ablaufdaten. Pflegen Sie einen Kalender oder ein System, um Verlängerungstermine und -fristen zu verfolgen. Beginnen Sie den Verlängerungsprozess rechtzeitig, um einen unterbrechungsfreien Zugang zu Software-Ressourcen sicherzustellen. Überwachen Sie das Ablaufdatum von Supportverträgen, um Unterbrechungen im technischen Support, Updates oder den Zugang zu Anbieterressourcen zu vermeiden.

Management der Anbieterbeziehung

Pflegen Sie positive Beziehungen zu Softwareanbietern, um den Support und die Lizenzverwaltung zu verbessern. Etablieren Sie regelmäßige Kommunikationskanäle zu Anbietervertretern, um über Lizenzänderungen, Upgrades und Produkt-Roadmaps auf dem Laufenden zu bleiben. Nutzen Sie diese Beziehungen, um günstige

Lizenzbedingungen auszuhandeln, Rabatte zu erhalten und Lizenz- oder Support-bezogene Probleme zeitnah anzugehen.

Verhandlung und Überprüfung von Verträgen

Überprüfen Sie Softwarelizenzvereinbarungen und Supportverträge gründlich, bevor Sie sie abschließen. Stellen Sie sicher, dass Sie die Lizenzbedingungen, Nutzungsrechte, Supportlevels und damit verbundene Kosten klar verstehen. Identifizieren Sie Klauseln in Bezug auf Nutzungsbeschränkungen, Wartungsgebühren oder Beendigungsbedingungen, die die Organisation beeinflussen könnten. Bei Bedarf ziehen Sie Rechts- oder Beschaffungsteams hinzu, um Verträge zu überprüfen und zu verhandeln, um sie mit den Interessen der Organisation in Einklang zu bringen.

Verfolgung der Wartungs- und Supportleistung

Überwachen Sie die Leistung von Supportverträgen, um sicherzustellen, dass Anbieter ihre Verpflichtungen effektiv erfüllen. Verfolgen Sie Reaktionszeiten, Lösungsquoten und die allgemeine Zufriedenheit mit den Supportdiensten des Anbieters. Gehen Sie sofort auf Abweichungen von Service-Level-Vereinbarungen (SLAs) ein und kommunizieren Sie Bedenken oder Erwartungen an den Anbieter. Halten Sie die Dokumentation von Supportinteraktionen und Problembehebungen für zukünftige Referenzen aufrecht.

Software-Lebenszyklusplanung

Entwickeln Sie einen Software-Lebenszyklusplan, der mit der Technologie-Strategie und den Zielen der Organisation in Einklang steht. Berücksichtigen Sie Faktoren wie Ankündigungen zum Ende der Lebensdauer, Produkt-Roadmaps und die Verfügbarkeit von Software-

Updates oder -Upgrades. Planen Sie Softwaremigrationen oder -ersatzteile, wenn Produkte ihre End-of-Life-Phase erreichen oder wenn geeignetere Alternativen verfügbar werden.

Zentralisieren von Lizenz- und Supportinformationen

Zentralisieren Sie Lizenz- und Supportvertragsinformationen in einem dedizierten Repository oder einem Vertragsverwaltungssystem. Stellen Sie sicher, dass wichtige Stakeholder Zugang zu diesem Repository haben, um eine einfache Abfrage von Lizenzdetails, Vertragsbedingungen und Verlängerungsinformationen zu ermöglichen. Halten Sie Backups von wichtigen Lizenz- und Supportdokumentationen aufrecht, um gegen Datenverlust oder Systemausfälle abgesichert zu sein.

Regelmäßige Überprüfung und Prüfung

Führen Sie regelmäßige Überprüfungen der Nutzung von Softwarelizenzen, der Vertragsbedingungen für Supportverträge und der Leistung von Anbietern durch. Bewerten Sie die Wirksamkeit der Lizenzverwaltungsprozesse und identifizieren Sie Bereiche zur Verbesserung. Führen Sie regelmäßige Prüfungen durch, um die Einhaltung zu überprüfen und sicherzustellen, dass Lizenzverwaltungspraktiken mit den Organisationsrichtlinien und gesetzlichen Anforderungen übereinstimmen.

Durch die Umsetzung dieser bewährten Praktiken können Organisationen Softwarelizenzen und Supportverträge effektiv

verwalten, die Einhaltung von Vorschriften minimieren, Kosten optimieren und den unterbrechungsfreien Zugang zu wichtigen Software-Ressourcen aufrechterhalten. Proaktives Lizenzmanagement und starke

Beziehungen zu Anbietern tragen zu einem robusten Software-Ökosystem bei, das die Geschäftstätigkeit unterstützt und den Erfolg der Organisation vorantreibt.

KAPITEL 7
Verwaltung von Geschäftssoftwareprojekten

Kapitel 7 von "Die Kunst der Geschäftssoftware: Ein umfassender Leitfaden für Erfolg" widmet sich den wesentlichen Aspekten der Verwaltung von Geschäftssoftwareprojekten. Dieses Kapitel untersucht wichtige Überlegungen, Methodologien und bewährte Praktiken für die effektive Verwaltung von Softwareprojekten innerhalb einer Organisation.

Das Kapitel beginnt damit, die Bedeutung der Projektplanung zu betonen. Es hebt die Bedeutung der Definition von Projektzielen, Umfang, Liefergegenständen und Zeitplänen hervor. Ein gut definierter Projektplan dient als Roadmap und führt das Projektteam durch verschiedene Phasen des Softwareentwicklungslebenszyklus. Er hilft dabei, Projekziele mit organisatorischen Zielen in Einklang zu bringen und klare Erwartungen für Projektbeteiligte festzulegen.

Als nächstes untersucht das Kapitel verschiedene Projektmanagementmethoden wie Wasserfall, agil und hybride Ansätze. Es bietet Einblicke in die Stärken und Schwächen jeder Methode, sodass Projektmanager den am besten geeigneten Ansatz basierend auf Projektanforderungen, Teamdynamik und Unternehmenskultur wählen können. Es betont die Notwendigkeit von Flexibilität und

Anpassungsfähigkeit in den Projektmanagementmethoden, um sich an sich entwickelnde Projektanforderungen anzupassen.

Das Kapitel behandelt dann die wichtigen Aktivitäten zur Verwaltung von Geschäftssoftwareprojekten, einschließlich Anforderungserfassung, Ressourcenzuweisung, Aufgabenplanung und Risikomanagement. Es betont die Bedeutung effektiver Kommunikation, Zusammenarbeit und Stakeholder-Einbindung während des gesamten Projektzyklus. Projektmanager werden ermutigt, klare Kommunikationswege zu etablieren, Teamzusammenarbeit zu fördern und Stakeholder aktiv einzubeziehen, um den Projekterfolg sicherzustellen.

Darüber hinaus hebt das Kapitel die Bedeutung von Projektüberwachung und -kontrolle hervor. Es betont die Notwendigkeit regelmäßiger Fortschrittsverfolgung, Statusberichterstattung und Problemmanagement. Projektmanager sollten wichtige Leistungsindikatoren (KPIs) und Metriken festlegen, um den Projektfortschritt, die Qualität und die Einhaltung von Zeitplänen zu messen. Durch die Überwachung der Projektperformance können Projektmanager Abweichungen vom Plan identifizieren und rechtzeitig korrigierende Maßnahmen ergreifen.

Das Kapitel behandelt auch den kritischen Aspekt des Risikomanagements in Softwareprojekten. Es betont die Notwendigkeit der proaktiven Identifizierung, Analyse und der Entwicklung von Risikominderungsstrategien. Projektmanager sollten Risikomanagementpläne entwickeln und Notfallmaßnahmen etablieren, um potenzielle Risiken anzugehen, die sich auf Projektzeitpläne, Budgets oder Liefergegenstände auswirken könnten. Durch die frühzeitige Identifizierung und Minderung von Risiken können Projektmanager die Auswirkungen unvorhergesehener Ereignisse auf den Gesamterfolg des Projekts minimieren.

Zusätzlich diskutiert das Kapitel die Bedeutung des Änderungsmanagements in Softwareprojekten. Es betont die Notwendigkeit eines strukturierten Änderungsprozesses, um Änderungen in Projektanforderungen, -umfang oder -prioritäten zu behandeln. Projektmanager sollten sicherstellen, dass Änderungsanfragen gründlich bewertet, kommuniziert und in kontrollierter Weise implementiert werden, um Störungen des Projektfortschritts zu minimieren.

Das Kapitel schließt damit, die Bedeutung kontinuierlicher Verbesserung und des Lernens aus Projekterfahrungen zu betonen. Projektmanager sollten Nachprojektreviews durchführen, um Erfolge, Herausforderungen und gewonnene Erkenntnisse zu bewerten. Sie sollten Bereiche zur Verbesserung identifizieren und bewährte Praktiken für zukünftige Projekte dokumentieren. Durch die Integration von Feedback und Erkenntnissen aus früheren Projekten können Organisationen ihre Projektmanagementpraktiken verbessern und die Erfolgschancen von Softwareprojekten erhöhen.

Zusammenfassend bietet Kapitel 7 wertvolle Anleitungen zur effektiven Verwaltung von Geschäftssoftwareprojekten. Indem sie den in diesem Kapitel skizzierten Grundsätzen und bewährten Praktiken folgen, können Projektmanager die Komplexität von Softwareprojekten bewältigen, erfolgreiche Ergebnisse liefern und zum Gesamterfolg ihrer Organisationen beitragen.

Projektmanagementgrundsätze für die Softwareimplementierung

Die Implementierung von Softwareprojekten erfordert effektive Projektmanagementgrundsätze, um erfolgreiche Ergebnisse sicherzustellen. Dieser Abschnitt hebt wichtige Projektmanagementgrundsätze hervor, die speziell auf Softwareimplementierungsprojekte zugeschnitten sind.

Klare Projektziele und Umfang definieren

Definieren Sie klar die Projektziele, den Umfang und die Liefergegenstände. Dokumentieren Sie die gewünschten Ergebnisse und stellen Sie sicher, dass sie mit den Organisationszielen übereinstimmen. Etablieren Sie ein gemeinsames Verständnis unter den Projektbeteiligten über den Zweck, die Vorteile und die Grenzen des Projekts. Diese Klarheit bildet die Grundlage für eine effektive Projektplanung und -durchführung.

Eine geeignete Projektmanagementmethodik übernehmen

Wählen Sie eine Projektmanagementmethodik, die zur Natur des Softwareimplementierungsprojekts passt. Agile Methodologien wie Scrum oder Kanban werden aufgrund ihrer Flexibilität und iterativen Herangehensweise häufig für Softwareprojekte verwendet. Wasserfallmethoden können für Projekte mit klar definierten Anforderungen und sequenziellen Phasen geeignet sein. Erwägen Sie hybride Ansätze, die die Stärken unterschiedlicher Methodologien kombinieren, um am besten den Projektanforderungen zu entsprechen.

Schlüsselakteure von Anfang an einbinden

Binden Sie von Anfang an Schlüsselakteure in das Projekt ein, darunter Endbenutzer, Management, IT-Personal und Fachexperten. Beteiligen Sie sie an der Anforderungserfassung, Lösungsentwicklung und Entscheidungsprozessen. Ihre Einblicke und Beteiligung stellen sicher, dass die Softwarelösung ihren Bedürfnissen entspricht, die Benutzerakzeptanz erhöht und den Projekterfolg steigert.

Einen detaillierten Projektplan erstellen

Erstellen Sie einen umfassenden Projektplan, der die Aktivitäten, Meilensteine, Zeitpläne und Ressourcenzuweisungen skizziert. Zerlegen Sie das Projekt in überschaubare Aufgaben, schätzen Sie den Aufwand und Abhängigkeiten ein und legen Sie realistische Zeitpläne fest. Stellen Sie sicher, dass der Projektplan für Eventualitäten berücksichtigt wird und potenzielle Risiken anspricht. Überprüfen und aktualisieren Sie den Plan regelmäßig, während das Projekt fortschreitet.

Effektive Kommunikationskanäle etablieren

Implementieren Sie klare und offene Kommunikationswege zwischen Projektteammitgliedern und Stakeholdern. Richten Sie regelmäßige Kommunikationskanäle wie Meetings, Fortschrittsberichte und Kollaborationstools ein, um einen effizienten Informationsfluss sicherzustellen. Ermutigen Sie zur aktiven und transparenten Kommunikation, um Bedenken anzusprechen, Probleme zu lösen und alle Stakeholder über den Projektfortschritt auf dem Laufenden zu halten.

Anforderungen und Umfangsänderungen verwalten

Entwickeln Sie einen robusten Prozess für das Anforderungsmanagement, um Änderungen in Projektanforderungen und

-umfang zu handhaben. Etablieren Sie einen Änderungssteuerungsmechanismus, um Änderungen zu bewerten, zu genehmigen und zu verfolgen. Kommunizieren Sie klar die Auswirkungen von Änderungen auf den Projektzeitplan, das Budget und die Liefergegenstände. Eine ausgewogene Mischung aus Flexibilität und angemessenem Änderungsmanagement hilft, Umfangserweiterung zu verhindern und den Projektfokus zu wahren.

Risiken mindern und Herausforderungen antizipieren

Identifizieren Sie Projektrisiken und entwickeln Sie proaktiv Risikomanagementstrategien. Führen Sie eine gründliche Risikobewertung durch, um potenzielle Probleme zu identifizieren, die sich auf den Projekterfolg auswirken könnten. Entwickeln Sie Risikominderungspläne und etablieren Sie Maßnahmen zur Risikobewältigung, um identifizierte Risiken anzugehen. Überwachen und überprüfen Sie Risiken regelmäßig während des gesamten Projektlebenszyklus.

Zusammenarbeit fördern und das Projektteam befähigen

Fördern Sie eine kooperative und ermächtigende Umgebung für das Projektteam. Ermutigen Sie zur offenen Kommunikation, zum Wissensaustausch und zur Teamarbeit. Befähigen Sie Teammitglieder, Entscheidungen zu treffen, Verantwortung für ihre Aufgaben zu übernehmen und zum Projekterfolg beizutragen. Anerkennung und Wertschätzung ihrer Bemühungen fördern Motivation und Engagement.

Regelmäßige Qualitätsprüfungen und Tests durchführen

Implementieren Sie einen robusten Prozess für Qualitätsprüfung und Tests, um sicherzustellen, dass die Softwarelösung die definierten Anforderungen und Qualitätsstandards erfüllt. Entwickeln Sie umfassende Testpläne, führen Sie gründliche Tests durch und beheben Sie identifizierte Probleme zeitnah. Bewerten Sie regelmäßig die Leistung, Funktionalität und Benutzerfreundlichkeit der Software, um ein qualitativ hochwertiges Produkt zu liefern.

Projektfortschritt überwachen und bei Bedarf anpassen

Überwachen Sie den Projektfortschritt gemäß dem festgelegten Plan und den Leistungskennzahlen (KPIs). Verwenden Sie Projektmanagement-Tools und -Techniken, um Meilensteine, Budgets und Ressourcennutzung zu verfolgen. Identifizieren Sie frühzeitig Abweichungen und ergreifen Sie rechtzeitig korrigierende Maßnahmen. Behalten Sie die Flexibilität, sich an verändernde Umstände anzupassen, während Sie das Projekt auf Kurs halten.

Durch die Einhaltung dieser Projektmanagement-Grundsätze können Organisationen Softwareimplementierungsprojekte effektiv verwalten und die Wahrscheinlichkeit erfolgreicher Ergebnisse erhöhen. Die Grundsätze betonen die richtige Planung, Stakeholder-Einbindung, effektive Kommunikation, Risikomanagement und kontinuierliche Überwachung, um eine reibungslose und erfolgreiche Bereitstellung der Softwarelösung sicherzustellen.

Erstellen eines Projektplans und Festlegen von Meilensteinen

Das Erstellen eines gut strukturierten Projektplans mit festgelegten Meilensteinen ist entscheidend für die effektive Verwaltung von Softwareimplementierungsprojekten. Dieser Abschnitt skizziert die wichtigsten Schritte bei der Erstellung eines Projektplans und der Festlegung sinnvoller Meilensteine.

Projektziele und -umfang verstehen

Beginnen Sie damit, ein klares Verständnis der Projektziele und des Umfangs zu gewinnen. Arbeiten Sie mit Schlüsselbeteiligten zusammen, um die gewünschten Ergebnisse, Liefergegenstände und Einschränkungen zu identifizieren. Dokumentieren Sie den Zweck des Projekts, die Ziele und spezifischen Anforderungen, um als Grundlage für den Projektplan zu dienen.

Das Projekt in Phasen aufteilen

Unterteilen Sie das Projekt in logische Phasen oder Stufen basierend auf der Projektmethodik und den spezifischen Anforderungen. Jede Phase sollte einen wichtigen Schritt zur Erreichung der Projektziele darstellen. Typische Phasen können die Erfassung von Anforderungen, die Lösungsentwicklung, Entwicklung, Tests, Bereitstellung und Post-Implementierungs-Support umfassen.

Meilensteine festlegen

Identifizieren Sie bedeutende Meilensteine, die wichtige Leistungen oder Abschlusspunkte innerhalb jeder Projektphase darstellen. Meilensteine dienen als Kontrollpunkte zur Messung des Fortschritts und zur klaren Anzeige des Projektfortschritts. Sie sollten spezifisch, messbar sein und sich auf Liefergegenstände oder wichtige Ereignisse im Projekt beziehen. Beispiele für Meilensteine sind das Abschließen der Anforderungsdokumentation, das Abschließen von Systemtests oder das Erhalten der Benutzerakzeptanz.

Meilensteinabhängigkeiten und Sequenzierung festlegen

Bestimmen Sie die Beziehungen und Abhängigkeiten zwischen den Meilensteinen. Identifizieren Sie Meilensteine, die abgeschlossen sein müssen, bevor andere beginnen oder Fortschritte erzielen können. Ordnen Sie die Meilensteine in einer logischen Reihenfolge an, um einen reibungslosen Ablauf der Projekttätigkeiten sicherzustellen. Berücksichtigen Sie Einschränkungen oder Abhängigkeiten von Ressourcen, externen Faktoren oder Abhängigkeiten von vorherigen Projektphasen.

Ressourcen zuweisen und Verantwortlichkeiten festlegen

Identifizieren Sie die Mitglieder des Projektteams, ihre Rollen und Verantwortlichkeiten für jeden Meilenstein. Weisen Sie Projektaufgaben und Liefergegenstände den Teammitgliedern entsprechend ihrer Expertise und Verfügbarkeit zu. Kommunizieren Sie Erwartungen, Fristen und Abhängigkeiten klar, um sicherzustellen, dass jeder seine Rolle versteht und effektiv zur Erreichung der Meilensteine beiträgt.

Aufwand und Dauer schätzen

Schätzen Sie den Aufwand und die Dauer für jeden Meilenstein basierend auf dem Projektumfang, der Komplexität und den verfügbaren Ressourcen. Arbeiten Sie mit Teammitgliedern zusammen, um Eingaben und Erkenntnisse für genaue Schätzungen zu sammeln. Berücksichtigen Sie Abhängigkeiten, Risiken und potenzielle Herausforderungen, die sich auf die benötigte Zeit für jeden Meilenstein auswirken können.

Zeitplan und Zeitplan festlegen

Erstellen Sie einen Projektzeitplan, der die Start- und Endtermine für jeden Meilenstein skizziert. Stellen Sie sicher, dass der Projektzeitplan Abhängigkeiten, Ressourcenverfügbarkeit und realistische Zeitrahmen berücksichtigt. Weisen Sie ausreichend Zeit für Tests, Überprüfungsrunden und unvorhergesehene Verzögerungen während der Projektdurchführung zu.

Entwickeln Sie einen Kommunikationsplan

Definieren Sie einen Kommunikationsplan, der skizziert, wie der Projektfortschritt, die Erreichung von Meilensteinen und etwaige Änderungen an Stakeholder kommuniziert werden. Identifizieren Sie die Häufigkeit, Kanäle und Empfänger von Projektaktualisierungen und Statusberichten. Legen Sie einen klaren Eskalationspfad fest, um Probleme, Risiken oder Änderungen anzusprechen, die die Erreichung von Meilensteinen beeinflussen können.

Überwachen und überprüfen Sie den Fortschritt kontinuierlich

Überwachen Sie regelmäßig den Projektfortschritt im Vergleich zum festgelegten Zeitplan und den Meilensteinen. Verwenden Sie Projektmanagement-Tools und -Techniken, um den tatsächlichen Fortschritt zu verfolgen, Abweichungen zu identifizieren und bei Bedarf korrigierende Maßnahmen zu ergreifen. Führen Sie regelmäßige Projektbewertungen und Statusbesprechungen durch, um Ausrichtung sicherzustellen und fundierte Entscheidungen auf Basis der Projektperformance zu treffen.

Passen Sie den Projektplan an und verfeinern Sie ihn

Während das Projekt fortschreitet, seien Sie bereit, den Projektplan und die Meilensteine basierend auf neuen Erkenntnissen, sich ändernden Anforderungen oder unvorhergesehenen Umständ

en anzupassen und zu verfeinern. Bewerten Sie kontinuierlich Projektrisiken, Änderungen des Umfangs und das Feedback der Stakeholder, um sicherzustellen, dass der Projektplan realistisch bleibt und den sich entwickelnden Bedürfnissen der Organisation entspricht.

Durch Befolgung dieser Schritte können Projektmanager einen umfassenden Projektplan mit klar definierten Meilensteinen erstellen, die während des Softwareimplementierungsprojekts wichtige Wegweiser darstellen. Der Projektplan bietet dem Projektteam eine Roadmap, gewährleistet eine effektive Ressourcenzuweisung, erleichtert die Kommunikation und ermöglicht es Stakeholdern, den Fortschritt zu verfolgen und den Projekterfolg zu messen.

Fortschritt verfolgen und Risiken managen

Den Fortschritt verfolgen und Risiken effektiv managen sind wesentliche Aspekte von Softwareimplementierungsprojekten. Dieser Abschnitt skizziert bewährte Methoden zur Verfolgung des Fortschritts und zur Risikobewältigung während des gesamten Projektlebenszyklus.

Fortschritt verfolgen: Leistungskennzahlen (KPIs) definieren

Legen Sie spezifische KPIs fest, um den Projektfortschritt zu messen. KPIs können Meilensteine erreichen, abgeschlossene Aufgaben, Budgetnutzung, Ressourcenzuweisung und Qualitätskennzahlen umfassen. Definieren Sie klar die Metriken und Messkriterien für jeden KPI, um eine genaue Verfolgung und Berichterstattung sicherzustellen.

Projektmanagement-Tools implementieren

Nutzen Sie Projektmanagement-Tools, um den Projektfortschritt zu verfolgen und zu überwachen. Diese Tools können dazu beitragen, Projektzeitpläne zu visualisieren, Aufgaben und Abhängigkeiten zu verfolgen, Ressourcen zuzuweisen und Echtzeitaktualisierungen bereitzustellen. Wählen Sie Tools, die mit der verwendeten Projektmanagement-Methodik übereinstimmen, und stellen Sie sicher, dass sie allen relevanten Teammitgliedern zugänglich sind.

Projektzeitplan regelmäßig überprüfen und aktualisieren

Überprüfen und aktualisieren Sie kontinuierlich den Projektzeitplan, um den aktuellen Status von Aufgaben und Meilensteinen widerzuspiegeln. Identifizieren Sie Verzögerungen oder Engpässe und ergreifen Sie geeignete Maßnahmen, um sie anzugehen. Halten Sie den Zeitplan sichtbar und kommunizieren Sie etwaige Änderungen rechtzeitig an die Stakeholder.

Fortschrittsbesprechungen durchführen

Führen Sie regelmäßige Fortschrittsbesprechungen mit dem Projektteam durch, um Aufgabenaktualisierungen zu besprechen,

Herausforderungen anzugehen und die Ausrichtung sicherzustellen. Nutzen Sie diese Besprechungen, um den Fortschritt im Vergleich zu Meilensteinen zu verfolgen, abgeschlossene Aufgaben zu überprüfen und etwaige Probleme oder Risiken zu identifizieren, die den Projektzeitplan beeinflussen können. Ermutigen Sie offene Kommunikation und Zusammenarbeit, um eine transparente und verantwortungsbewusste Projektumgebung aufrechtzuerhalten.

Ressourcennutzung überwachen

Überwachen Sie regelmäßig die Ressourcennutzung, um sicherzustellen, dass Teammitglieder effizient und effektiv zugewiesen sind. Identifizieren Sie etwaige Ressourcenbeschränkungen oder Ungleichgewichte und ergreifen Sie korrigierende Maßnahmen, um die Ressourcenzuweisung zu optimieren. Dies umfasst die Verwaltung der Arbeitsbelastung, die Bewältigung von Qualifikationslücken und die Berücksichtigung des Bedarfs an zusätzlichen Ressourcen, wenn dies erforderlich ist.

Risikomanagement: Risiken identifizieren und bewerten

Führen Sie zu Beginn des Projekts eine umfassende Risikobewertung durch, um potenzielle Risiken und deren mögliche Auswirkungen auf den Projekterfolg zu identifizieren. Beteiligen Sie wichtige Stakeholder und Projektteammitglieder am Risikoidentifikationsprozess. Bewerten Sie die Wahrscheinlichkeit und Schwere jedes Risikos und priorisieren Sie sie basierend auf ihrem potenziellen Einfluss.

Entwickeln Sie einen Risikoabwehrplan

Entwickeln Sie einen Risikoabwehrplan, der Strategien zur Minderung, Akzeptanz, Übertragung oder Vermeidung identifizierter Risiken skizziert. Weisen Sie Verantwortlichkeiten für Maßnahmen zur Risikominderung zu und etablieren Sie klare Eskalationswege für die Meldung und Bewältigung von Risiken. Überwachen und aktualisieren Sie den Risikoabwehrplan kontinuierlich, wenn neue Risiken auftauchen oder bestehende Risiken sich weiterentwickeln.

Implementieren Sie die Überwachung und Kontrolle von Risiken

Überwachen Sie regelmäßig identifizierte Risiken während des gesamten Projektlebenszyklus. Verfolgen Sie den Status von Risikominderungsmaßnahmen und bewerten Sie die Wirksamkeit von Risikokontrollmaßnahmen. Unterhalten Sie offene Kommunikationskanäle, um die Meldung neuer Risiken oder Änderungen in der Schwere bestehender Risiken zu fördern. Gehen Sie Risiken proaktiv an, um zu verhindern, dass sie zu schwerwiegenden Projektaufgaben werden.

Kommunikation und Einbindung von Stakeholdern

Halten Sie Stakeholder über identifizierte Risiken, deren potenzielle Auswirkungen und die ergriffenen Maßnahmen zur Bewältigung informiert. Bieten Sie regelmäßige Updates zum Risikostatus in Projektberichten und Besprechungen an. Binden Sie Stakeholder in Risikodiskussionen und Entscheidungsprozesse ein, um sicherzustellen, dass sie ihre Zustimmung geben und sich an den Bemühungen zur Risikobewältigung beteiligen.

Führen Sie die Notfallplanung durch

Entwickeln Sie Notfallpläne für Risiken mit hoher Auswirkung, die das Potenzial haben, das Projekt erheblich zu stören. Identifizieren Sie alternative Ansätze, Backup-Optionen oder Ausweichstrategien, um die Auswirkungen solcher Risiken abzumildern. Stellen Sie sicher, dass Notfallpläne gut dokumentiert sind, relevanten Stakeholdern mitgeteilt werden und bei Bedarf aktiviert werden.

Fördern Sie eine Kultur der Risikobewusstheit

Fördern Sie eine Kultur der Risikobewusstheit und proaktiven Risikobewältigung im Projektteam. Ermutigen Sie Teammitglieder, Risiken frühzeitig zu identifizieren und zu melden, Erfahrungen auszutauschen und Strategien zur Risikominderung vorzuschlagen. Indem Sie eine kooperative und risikobewusste Umgebung fördern, kann das Projektteam gemeinsam zur effektiven Risikobewältigung beitragen.

Durch effektives Verfolgen des Fortschritts und effektives Risikomanagement während des Softwareimplementierungsprojekts können Projektmanager das Projektmomentum aufrechterhalten, Herausforderungen proaktiv angehen und die Wahrscheinlichkeit des Projekterfolgs erhöhen. Regelmäßiges Verfolgen des Fortschritts und Aktivitäten des Risikomanagements helfen dabei, das Projekt auf Kurs zu halten, potenzielle Probleme zu mildern und sicherzustellen, dass das Projekt im definierten Umfang, innerhalb der festgelegten Zeitpläne und Qualitätsstandards geliefert wird.

Effektive Kommunikation mit Stakeholdern

Eine effektive Kommunikation mit Stakeholdern ist für den Erfolg von Softwareimplementierungsprojekten entscheidend. Klare und transparente Kommunikation fördert die Zusammenarbeit, schafft Vertrauen, verwaltet Erwartungen und stellt die Ausrichtung zwischen Projektteilnehmern sicher. Dieser Abschnitt skizziert bewährte Methoden für eine effektive Kommunikation mit Stakeholdern während des gesamten Projektlebenszyklus.

Identifizieren Sie wichtige Stakeholder

Identifizieren Sie die Stakeholder, die Interesse am Projekt haben oder Einfluss darauf nehmen. Dies umfasst Projekt-Sponsoren, Endbenutzer, Management, Führungskräfte, Teammitglieder und externe Parteien. Verstehen Sie ihre Rollen, Erwartungen und Kommunikationspräferenzen, um Ihre Kommunikationsstrategien entsprechend anzupassen.Etab

lieren Sie Kommunikationskanäle

Bestimmen Sie die geeignetsten Kommunikationskanäle für verschiedene Stakeholder und Projektanforderungen. Dazu können persönliche Treffen, E-Mails, Projektmanagement-Software, Kollaborationstools, Videokonferenzen und Fortschrittsberichte gehören. Nutzen Sie eine Kombination von Kanälen, um einen effektiven und zeitnahen Informationsfluss sicherzustellen.

Passen Sie Botschaften an das Publikum an

Passen Sie Ihren Kommunikationsstil und Ihre Sprache den Bedürfnissen und dem Verständnis der verschiedenen Stakeholder an. Vermeiden Sie technische Fachbegriffe bei der Kommunikation mit nicht-technischen Stakeholdern und geben Sie ausreichenden Kontext und Erklärungen für komplexe Konzepte. Das Anpassen von Botschaften stellt sicher, dass Stakeholder die Informationen effektiv verstehen und darauf eingehen.

Setzen Sie klare Kommunikationsziele

Definieren Sie die Ziele für jede Kommunikationsinteraktion. Ob es darum geht, Updates zu liefern, Feedback einzuholen, Bedenken anzusprechen oder Entscheidungen zu treffen – klare Kommunikationsziele helfen, Gespräche zu fokussieren und gewährleisten, dass Stakeholder den Zweck und die angestrebten Ergebnisse der Kommunikation verstehen.

Anwenden von aktiver Zuhörtechnik

Üben Sie aktives Zuhören aus, wenn Sie mit Stakeholdern interagieren. Achten Sie auf ihre Perspektiven, Bedenken und Rückmeldungen. Ermutigen Sie Stakeholder dazu, ihre Gedanken zu teilen und suchen Sie aktiv ihre Meinung. Durch aktives Zuhören fördern Sie eine Kultur des offenen Dialogs und fördern die Einbindung der Stakeholder.

Regelmäßige Projektaufdatierungen bereitstellen

Halten Sie regelmäßig Projektaktualisierungen aufrecht, um Stakeholder über den Projektfortschritt, erreichte Meilensteine und etwaige Änderungen oder Herausforderungen auf dem Laufenden zu halten. Erwägen Sie die Bereitstellung einer Kombination aus schriftlichen Berichten, Präsentationen und Besprechungen, um den Kommunikationspräferenzen verschiedener Stakeholder gerecht zu werden. Stellen Sie sicher, dass Aktualisierungen prägnant, relevant und auf die Bedürfnisse der Stakeholder zugeschnitten sind.

Seien Sie transparent und ehrlich

Fördern Sie Transparenz, indem Sie genaue und ehrliche Informationen über den Status des Projekts, Herausforderungen und Risiken teilen. Adressieren Sie Probleme und Bedenken zeitnah und offen. Transparenz baut Vertrauen und Zuversicht bei Stakeholdern auf und ermöglicht eine effektive Zusammenarbeit und Problemlösung.

Erwartungen verwalten

Setzen Sie realistische Erwartungen, indem Sie Projektbeschränkungen, -grenzen und potenzielle Risiken von Anfang an klar kommunizieren. Artikulieren Sie deutlich Projektzeitpläne, Liefergegenstände und etwaige erwartete Abweichungen vom ursprünglichen Plan. Informieren Sie Stakeholder regelmäßig über etwaige Änderungen des Projekts, des Zeitplans oder der Anforderungen, um Erwartungen effektiv zu verwalten.

Feedback einholen und integrieren

Holen Sie aktiv Feedback von Stakeholdern in verschiedenen Projektphasen ein. Ermutigen Sie Stakeholder dazu, Eingaben, Vorschläge und Bedenken in Bezug auf Projektgegenstände, -prozesse oder -ergebnisse zu geben. Integrieren Sie wertvolles Feedback in die Entscheidungsfindung und die Anpassung des Projekts, um Stakeholderzufriedenheit und -einbindung sicherzustellen.

Kommunikation dokumentieren und archivieren

Führen Sie Aufzeichnungen über Projekt-Kommunikation, Entscheidungen und Vereinbarungen. Dokumentieren Sie Sitzungsprotokolle, Aktionspunkte und wichtige Korrespondenz, um eine umfassende Projekthistorie zu erstellen. Diese Dokumentation dient als

Referenz für zukünftige Diskussionen, gewährleistet Verantwortlichkeit und hilft bei der Lösung von Konflikten oder der Bewältigung von Meinungsverschiedenheiten.

Kommunikation an Projektphasen anpassen

Passen Sie Ihre Kommunikationsstrategien und -häufigkeit an die Projektphase an. In den Anfangsstadien konzentrieren Sie sich auf umfassende Projektübersichten und die Erfassung von Stakeholder-Anforderungen. Während der Ausführung betonen Sie Fortschrittsaktualisierungen und Problemlösungen. In der Abschlussphase kommunizieren Sie Projektergebnisse, Erkenntnisse aus dem Projekt und nächste Schritte.

Erfolge feiern und Beiträge anerkennen

Anerkennen und feiern Sie Projektmeilensteine, Erfolge und Beiträge von Stakeholdern. Anerkennen Sie öffentlich Teammitglieder und Stakeholder für ihre Anstrengungen und Erfolge. Dies fördert eine positive Projektenvironment und motiviert Stakeholder, ihr Engagement und ihre Beteiligung fortzusetzen.

Durch Befolgung dieser bewährten Methoden können Projektmanager eine effektive Kommunikation mit Stakeholdern herstellen, die Stakeholder-Beteiligung aufrechterhalten und eine gemeinsame Verständigung über Projektziele, -fortschritt und -ergebnisse sicherstellen. Effektive Kommunikation trägt zu stärkeren Stakeholder-Beziehungen, erhöhter Projektunterstützung und letztendlich erfolgreicher Softwareimplementierung bei.

KAPITEL 8
Zukünftige Trends in der Unternehmenssoftware

Kapitel 8 von "Die Kunst der Unternehmenssoftware: Ein umfassender Leitfaden für Erfolg" erkundet aufkommende Trends und zukünftige Entwicklungen im Bereich der Unternehmenssoftware. Dieses Kapitel bietet Einblicke in die sich entwickelnde Technologielandschaft und ihre potenziellen Auswirkungen auf Unternehmen. Es hebt wichtige Trends hervor, die voraussichtlich die Zukunft der Unternehmenssoftware prägen werden.

Künstliche Intelligenz und maschinelles Lernen

Künstliche Intelligenz (KI) und maschinelles Lernen (ML) revolutionieren die Unternehmenssoftware. KI-gesteuerte Anwendungen können repetitive Aufgaben automatisieren, riesige Datenmengen analysieren und intelligente Erkenntnisse liefern. ML-Algorithmen ermöglichen es Software, zu lernen und sich anzupassen, was Entscheidungsprozesse, Kundenerlebnisse und operative Effizienz verbessert. Das Kapitel erforscht die potenziellen Anwendungen von KI und ML in verschiedenen Unternehmensbereichen und ihre Rolle bei der Gestaltung der Zukunft der Software.

Cloud Computing und Software as a Service (SaaS)

Cloud Computing und der Aufstieg von Software as a Service (SaaS) haben die Art und Weise verändert, wie Unternehmen auf Softwarelösungen zugreifen und diese nutzen. Das Kapitel diskutiert die Vorteile von cloudbasierter Software, wie Skalierbarkeit, Flexibilität und Kostenersparnis. Es erforscht die wachsende Nutzung von cloudbasierter Unternehmenssoftware, den Wechsel von lokalen Bereitstellungen zu cloudbasierten Lösungen und die Auswirkungen für Unternehmen in Bezug auf Datensicherheit, Integration und Anbietermanagement.

Internet der Dinge (IoT):

Das Internet der Dinge (IoT) ist ein schnell wachsendes Netzwerk vernetzter Geräte, die Daten sammeln und austauschen. Das Kapitel untersucht, wie die IoT-Technologie mit Unternehmenssoftware integriert wird und Echtzeitüberwachung, Datenanalyse und Automatisierung ermöglicht. Es diskutiert die potenziellen Auswirkungen des IoT auf Branchen wie Fertigung, Logistik, Gesundheitswesen und Smart Cities sowie die Chancen und Herausforderungen der Integration des IoT.

Blockchain-Technologie

Die Blockchain-Technologie, bekannt für ihre sichere und transparente Natur, hat das Potenzial, verschiedene Aspekte der Unternehmenssoftware zu revolutionieren. Das Kapitel erforscht, wie Blockchain das Vertrauen, die Sicherheit und die Effizienz in Bereichen wie Lieferkettenmanagement, finanzielle Transaktionen und Datenschutz verbessern kann. Es diskutiert die Entstehung von auf Blockchain basierenden Plattformen, Smart Contracts und dezentralen Anwendungen sowiederenAuswirkungenaufzukünftige Unternehmenssoftwarelösungen.

Erweiterte Datenanalyse und Business Intelligence

Fortschritte in der Datenanalyse und Business Intelligence verändern die Art und Weise, wie Unternehmen Daten für Erkenntnisse und Entscheidungsfindung nutzen. Das Kapitel diskutiert die Integration von fortgeschrittenen Analysetools, prädiktivem Modellieren und Datenvisualisierungstechniken in Unternehmenssoftware. Es betont die Bedeutung datengetriebener Entscheidungsfindung, die Entstehung von Self-Service-Analytics und die Integration von Analysefunktionen direkt in Softwareanwendungen.

Nutzererlebnis und Design Thinking

Die Konzentration auf Benutzererlebnis (UX) und Design Thinking prägt zunehmend die Entwicklung von Unternehmenssoftware. Das Kapitel erforscht, wie Unternehmen intuitive Benutzeroberflächen, optimierte Arbeitsabläufe und personalisierte Erfahrungen für Endbenutzer priorisieren. Es diskutiert die Rolle von Design Thinking-Methoden bei der Schaffung von Software, die Benutzeranforderungen erfüllt, die Produktivität steigert und Benutzerakzeptanz und -zufriedenheit fördert.

Cybersicherheit und Datenschutz

Da Unternehmenssoftware immer stärker vernetzt und datengetrieben wird, wird die Notwendigkeit robuster Cybersicherheit und Datenschutzmaßnahmen immer wichtiger. Das Kapitel erforscht die wachsende Bedeutung der Cybersicherheit in der Unternehmenssoftware, einschließlich Datenverschlüsselung, Bedrohungserkennung und

Zugangskontrollen. Es untersucht auch die sich entwickelnde Landschaft der Datenschutzvorschriften und deren Auswirkungen auf die Gestaltung und Implementierung von Unternehmenssoftware.

Im gesamten Kapitel werden Fallstudien, Branchenbeispiele und Experteneinblicke genutzt, um ein umfassendes Verständnis dieser zukünftigen Trends zu vermitteln. Das Kapitel schließt mit der Betonung der Bedeutung, über aufkommende Technologien auf dem Laufenden zu bleiben, ihre Auswirkungen zu verstehen und Geschäftsstrategien anzupassen, um das Potenzial dieser Trends zu nutzen.

Durch die Erkundung dieser zukünftigen Trends können Unternehmen Einblicke in die sich entwickelnde Landschaft der Unternehmenssoftware gewinnen und sich proaktiv positionieren, um die Vorteile dieser Fortschritte zu nutzen. Dieses Wissen befähigt Unternehmen, informierte Entscheidungen zu treffen, Innovationen anzunehmen und in einer sich schnell verändernden technologischen Landschaft voraus zu sein.

Aufkommende Technologien und ihre Auswirkungen auf Unternehmenssoftware

Aufkommende Technologien haben einen tiefgreifenden Einfluss auf die Entwicklung und Fähigkeiten von Unternehmenssoftware. Dieser Abschnitt erforscht einige der wichtigsten aufkommenden Technologien und ihre potenziellen Auswirkungen auf Unternehmenssoftware.

Künstliche Intelligenz (KI) und maschinelles Lernen (ML)

KI- und ML-Technologien revolutionieren die Unternehmenssoftware, indem sie Automatisierung, prädiktive Analytik und intelligente Entscheidungsfindung ermöglichen. KI-gesteuerte Softwareanwendungen können repetitive Aufgaben automatisieren, riesige Datenmengen analysieren und wertvolle Erkenntnisse liefern. ML-Algorithmen ermöglichen Software, aus Daten zu lernen und im Laufe der Zeit die Leistung zu verbessern. Die Integration von KI und ML in Unternehmenssoftware verbessert Effizienz, Personalisierung und datengetriebene Entscheidungsfindung.

Internet der Dinge (IoT)

Das Internet der Dinge (IoT) ist ein Netzwerk vernetzter Geräte, die mit Sensoren, Software und Konnektivität ausgestattet sind und Daten sammeln und austauschen können. Die IoT-Technologie hat das Potenzial, die Unternehmenssoftware zu revolutionieren, indem sie Echtzeitdatenüberwachung, Ferngerätemanagement und Automatisierung ermöglicht. Unternehmen können IoT-Daten nutzen, um Betriebsabläufe zu optimieren, Kundenerlebnisse zu verbessern und Innovationen in verschiedenen Branchen voranzutreiben.

Blockchain-Technologie

Die Blockchain-Technologie, bekannt für ihre sichere und transparente dezentrale Transaktionssysteme, hat das Potenzial, verschiedene Aspekte der Unternehmenssoftware zu revolutionieren, darunter Lieferkettenmanagement, finanzielle Transaktionen und Datensicherheit. Blockchain bietet einen manipulationssicheren und überprüfbaren Datensatz von Transaktionen, der Vertrauen, Rückverfolgbarkeit und Effizienz in Geschäftsprozessen verbessert. Die Integration von Blockchain in Unternehmenssoftware kann die

Datenintegrität verbessern, Transaktionen vereinfachen und Betrug reduzieren.

Cloud Computing und Software as a Service (SaaS)

Cloud Computing und der Aufstieg von Software as a Service (SaaS) haben die Art und Weise verändert, wie Unternehmen auf Softwarelösungen zugreifen und diese nutzen. Cloudbasierte Unternehmenssoftware bietet Skalierbarkeit, Flexibilität und Kostenersparnis durch die Nutzung entfernter Server und Infrastruktur. SaaS-Modelle ermöglichen es Unternehmen, Softwareanwendungen bei Bedarf abzurufen, was die Notwendigkeit von lokalen Installationen und Wartung reduziert. Cloud Computing und SaaS fördern Zusammenarbeit, Datenaustausch und Remote-Arbeit, was Effizienz und Agilität in den Geschäftsbetrieb treibt.

Verbesserte Datenanalyse und Business Intelligence

Fortschritte in der Datenanalyse und Business Intelligence ermöglichen es Unternehmen, wertvolle Erkenntnisse aus ihren Daten zu gewinnen. Unternehmenssoftware integriert fortschrittliche Analysetools, prädiktives Modellieren und Datenvisualisierungstechniken, um datengesteuerte Entscheidungsfindung zu ermöglichen. Diese Technologien ermöglichen eine eingehende Analyse großer Datensätze, die Identifizierung von Mustern und Trends sowie handlungsorientierte Erkenntnisse. Erweiterte Datenanalyse- und Business-Intelligence-Fähigkeiten ermöglichen es Unternehmen, Prozesse zu optimieren, Kundenerlebnisse zu verbessern und einen Wettbewerbsvorteil zu erlangen.

Erweiterte Realität (AR) und Virtuelle Realität (VR)

AR- und VR-Technologien finden Anwendungen in Unternehmenssoftware, insbesondere in Bereichen wie Schulung, Simulation und Visualisierung. AR verbessert reale Erfahrungen, indem es digitale Informationen auf die physische Umgebung überlagert, während VR Benutzer in virtuelle Umgebungen eintaucht. Unternehmen können AR und VR in Bereichen wie Produktdesign, virtuellen Meetings und Schulungssimulationen nutzen, um die Zusammenarbeit, das Engagement und die Produktivität zu verbessern.

Natürliche Sprachverarbeitung (NLP) und Spracherkennung

NLP- und Spracherkennungstechnologien ermöglichen es Unternehmenssoftware, menschliche Sprache zu verstehen und zu verarbeiten und eröffnen neue Möglichkeiten für die Interaktion zwischen Mensch und Computer. Chatbots, virtuelle Assistenten und sprachaktivierende Schnittstellen werden in Unternehmenssoftware immer verbreiteter und erleichtern natürliche und intuitive Benutzerinteraktionen. Diese Technologien verbessern den Kundensupport, automatisieren Routineaufgaben und verbessern das Benutzererlebnis.

Diese aufkommenden Technologien haben das Potenzial, Unternehmenssoftware neu zu gestalten und Unternehmen zu ermöglichen, Prozesse zu optimieren, die Entscheidungsfindung zu verbessern und Innovationen voranzutreiben. Organisationen, die diese Technologien übernehmen und sich anpassen, können sich Wettbewerbsvorteile verschaffen, bessere Produkte und Dienstleistungen liefern und die Art und Weise, wie sie in einer zunehmend digitalen Welt agieren, transformieren.

Vorausschauende Analytik und Künstliche Intelligenz (KI)

Vorausschauende Analytik und KI sind transformative Technologien, die einen erheblichen Einfluss auf Unternehmenssoftware haben. Dieser Abschnitt untersucht die Konzepte der vorausschauenden Analytik und KI sowie deren Auswirkungen auf Anwendungen von Unternehmenssoftware.

Vorausschauende Analytik

Vorausschauende Analytik umfasst die Verwendung historischer Daten, statistischer Algorithmen und Techniken des maschinellen Lernens, um zukünftige Ergebnisse oder Verhaltensweisen vorherzusagen. Durch die Analyse von Mustern und Trends in den Daten ermöglicht die vorausschauende Analytik Unternehmen, informierte Vorhersagen und proaktive Entscheidungen zu treffen. Im Kontext von Unternehmenssoftware können vorausschauende Analytik-Algorithmen wertvolle Erkenntnisse aufdecken, Kundenpräferenzen antizipieren, Prozesse optimieren und Risiken minimieren.

Anwendungen von vorausschauender Analytik in Unternehmenssoftware: Vertrieb und Marketing

Vorausschauende Analytik kann Unternehmen dabei helfen, potenzielle Kunden zu identifizieren, Marketingkampagnen zu personalisieren, Umsätze vorherzusagen und Preisstrategien zu optimieren. Durch die Analyse von Kundendaten, Kaufhistorien und Markttrends kann Unternehmenssoftware handlungsorientierte

Erkenntnisse für gezielte Marketingmaßnahmen und verbesserte Umsatzprognosen bereitstellen.

Risikomanagement

Algorithmen der vorausschauenden Analytik können Risiken bewerten, indem sie historische Daten analysieren und Muster identifizieren, die ungünstigen Ereignissen vorausgehen. Dies ermöglicht es Unternehmen, Risiken wie Betrug, finanzielle Verluste oder operative Störungen vorherzusagen und zu minimieren. Durch vorausschauende Analytik unterstützte Risikomanagement-Software kann Echtzeit-Risikobewertungen, Warnungen und Empfehlungen bieten.

Optimierung der Lieferkette

Vorausschauende Analytik kann die Betriebsabläufe der Lieferkette optimieren, indem sie Nachfragemuster analysiert, den Bedarf an Lagerbeständen prognostiziert und potenzielle Engpässe oder Störungen identifiziert. Unternehmenssoftware mit Fähigkeiten zur vorausschauenden Analytik kann ein proaktives Lagermanagement, effiziente Logistikplanung und verbesserte Zusammenarbeit mit Lieferanten ermöglichen.

Künstliche Intelligenz (KI)

KI bezieht sich auf die Simulation menschlicher Intelligenz in Maschinen, die Aufgaben ausführen können, die normalerweise menschliche Intelligenz erfordern, wie das Verstehen natürlicher Sprache, das Erkennen von Mustern und das Treffen informierter Entscheidungen. KI-Technologien wie maschinelles Lernen, natürliche Sprachverarbeitung und Computer Vision ermöglichen es

Softwareanwendungen, aus Daten zu lernen, sich neuen Informationen anzupassen und komplexe Aufgaben zu automatisieren.

Anwendungen von KI in Unternehmenssoftware:

Intelligente Automatisierung: KI ermöglicht es Unternehmenssoftware, routinemäßige und repetitive Aufgaben zu automatisieren, was die Effizienz und Produktivität steigert. Intelligente Automatisierung kann Prozesse wie Dateneingabe, Dokumentenverarbeitung und Kundensupport optimieren, den manuellen Aufwand und menschliche Fehler reduzieren.

Natürliche Sprachverarbeitung (NLP)

NLP ermöglicht es Unternehmenssoftware, menschliche Sprache zu verstehen und zu interpretieren, was die Kommunikationsschnittstellen, Chatbots und sprachaktivierten Interaktionen erleichtert. Von NLP unterstützte Anwendungen können Kundenanfragen analysieren, personalisierte Antworten bereitstellen und das Benutzererlebnis verbessern.

Entscheidungsunterstützungssysteme

Auf KI basierende Entscheidungsunterstützungssysteme bieten Empfehlungen und Erkenntnisse zur Unterstützung von Entscheidungsprozessen. Durch die Analyse großer Datenmengen können von KI unterstützte Unternehmenssoftware Muster erkennen, Anomalien erkennen und Vorhersagemodelle generieren, die bei strategischen Entscheidungen unterstützen.

Verbesserung der Kundenerfahrung

KI-Technologien ermöglichen es Unternehmen, die Kundenerfahrungen durch die Analyse von Kundendaten, Präferenzen und Verhalten zu personalisieren. Von KI unterstützte Empfehlungsmaschinen können relevante Produkte oder Dienstleistungen vorschlagen, Marketingnachrichten personalisieren und Benutzeroberflächen optimieren, um die Kundenzufriedenheit und -bindung zu steigern.

Die Integration von vorausschauender Analytik und KI in Unternehmenssoftware ermöglicht es Organisationen, datengesteuerte Erkenntnisse zu nutzen, Prozesse zu automatisieren, die Entscheidungsfindung zu optimieren und die Kundenerfahrung zu verbessern. Durch die Übernahme dieser Technologien können Unternehmen einen Wettbewerbsvorteil erlangen, die operative Effizienz verbessern und neue Wachstums- und Innovationsmöglichkeiten erschließen.

Cloud-basierte Softwarelösungen haben die Art und Weise verändert, wie Unternehmen auf Softwareanwendungen zugreifen, diese bereitstellen und nutzen. Dieser Abschnitt untersucht das Konzept des Cloud Computing und seine Auswirkungen auf Unternehmen, die Cloud-basierte Softwarelösungen nutzen.

Cloud Computing

Cloud Computing bezieht sich auf die Bereitstellung von Rechenleistungen über das Internet, was Benutzern den Zugriff auf Softwareanwendungen, Speicherplatz und Rechenressourcen ermöglicht. Anstatt auf lokale Server oder Infrastruktur angewiesen zu sein, nutzt

Cloud-basierte Software entfernte Server, die von Drittanbietern gehostet werden. Benutzer können auf die Software über Webbrowser oder dedizierte Anwendungen zugreifen, wobei Datenverarbeitung auf den Servern des Anbieters erfolgt.

Hauptauswirkungen von Cloud-basierten Softwarelösungen auf Unternehmen: Skalierbarkeit und Flexibilität

Cloud-basierte Softwarelösungen bieten Skalierbarkeit, sodass Unternehmen ihre Ressourcennutzung je nach Bedarf anpassen können. Wenn die Geschäftsanforderungen wachsen oder sich ändern, kann Cloud-basierte Software leicht hoch- oder herunterskaliert werden, um die benötigte Rechenleistung, den Speicherplatz und den Benutzerzugriff bereitzustellen. Diese Flexibilität ermöglicht es Unternehmen, ihre Softwareressourcen an ihre sich entwickelnden Anforderungen anzupassen und die Beschränkungen traditioneller On-Premises-Softwarebereitstellungen zu vermeiden.

Kosteneffizienz

Cloud-basierte Softwarelösungen bieten kostengünstige Vorteile gegenüber traditioneller On-Premises-Software. Anstatt in teure Hardware, Wartung und Softwarelizenzen zu investieren, können Unternehmen auf Cloud-basierte Software über ein Abonnementmodell oder eine Pay-as-you-go-Preisgestaltung zugreifen. Dies reduziert die Anfangskosten und ermöglicht es Unternehmen, ihre Softwareausgaben basierend auf tatsächlicher Nutzung zu optimieren. Cloud-basierte Software beseitigt auch die Notwendigkeit einer lokalen Infrastruktur, was die Wartungs- und Upgrade-Kosten reduziert.

Zugänglichkeit und Zusammenarbeit

Cloud-basierte Software kann von überall mit einer Internetverbindung aus zugänglich gemacht werden, was Remote-Arbeit ermöglicht und die Zusammenarbeit verbessert. Mitarbeiter können auf die Software zugreifen und in Echtzeit zusammenarbeiten, unabhängig von ihrem physischen Standort. Diese Zugänglichkeit fördert Flexibilität, Produktivität und effiziente Zusammenarbeit zwischen geografisch verteilten Teams, Auftragnehmern und Stakeholdern.

Automatische Updates und Wartung

Cloud-basierte Softwareanbieter sind für die Wartung und Aktualisierung der Softwareinfrastruktur verantwortlich. Unternehmen müssen sich nicht mehr um die manuelle Installation von Updates oder die Verwaltung von Software-Patches kümmern. Cloud-basierte Software wird automatisch vom Anbieter aktualisiert, sodass Unternehmen Zugang zu den neuesten Funktionen, Fehlerkorrekturen und Sicherheitsverbesserungen haben, ohne zusätzlichen Aufwand.

Datensicherheit und -sicherung

Cloud-basierte Softwarelösungen legen Wert auf Datensicherheit und bieten robuste Sicherungsmechanismen. Cloud-Anbieter implementieren strenge Sicherheitsmaßnahmen wie Datenverschlüsselung, Zugangskontrollen und regelmäßige Sicherheitsaudits, um sensible Unternehmensdaten zu schützen. Zusätzlich umfasst Cloud-basierte Software oft Funktionen zur Datensicherung und zur Wiederherstellung bei Datenverlust oder Systemausfall.

Integration und Ökosysteme

Cloud-basierte Softwarelösungen bieten oft Integrationsmöglichkeiten mit anderen Softwareanwendungen und -diensten über APIs (Application Programming Interfaces). Dies ermöglicht Unternehmen, ihre Cloud-basierte Software mit anderen Systemen wie Customer Relationship Management (CRM), Buchhaltung oder E-Commerce-Plattformen zu verbinden. Integrationsmöglichkeiten fördern nahtlosen Datenfluss, Prozessautomatisierung und optimierte Workflows zwischen verschiedenen Softwarelösungen.

Schnelle Bereitstellung und Time-to-Value

Cloud-basierte Softwarelösungen ermöglichen eine schnelle Bereitstellung, was Unternehmen ermöglicht, die Software schnell zu nutzen. Mit minimalem Aufbau und Konfiguration der Infrastruktur können Unternehmen die Zeit zwischen dem Erwerb der Software und dem Erzielen von Nutzen aus der Software reduzieren. Diese Agilität unterstützt eine schnellere Übernahme, eine schnellere Markteinführung und beschleunigte Geschäftsprozesse.

Durch die Nutzung von Cloud-basierten Softwarelösungen können Unternehmen auf eine breite Palette von Softwareanwendungen zugreifen, die Zusammenarbeit verbessern, Kosten optimieren und sich auf ihre Kernkompetenzen konzentrieren. Cloud Computing bietet Skalierbarkeit, Flexibilität, Kosteneffizienz und nahtlose Software-Updates, was Unternehmen ermöglicht, sich an sich ändernde Marktanforderungen anzupassen und in der heutigen dynamischen Geschäftsumgebung einen Wettbewerbsvorteil zu erlangen.

Mobile Anwendungen spielen eine bedeutende Rolle bei der Verbesserung der Funktionalität und Zugänglichkeit von Unternehmenssoftware. Dieser Abschnitt erkundet die Rolle von mobilen Anwendungen in Unternehmenssoftware und ihre Auswirkungen auf Unternehmen.

Verbesserte Zugänglichkeit und Mobilität

Mobile Anwendungen ermöglichen es den Benutzern, von überall und zu jeder Zeit auf Unternehmenssoftware und wichtige Daten zuzugreifen. Benutzer können bequem auf Softwarefunktionen zugreifen,

Echtzeitinformationen anzeigen und Aufgaben unterwegs mit ihren Smartphones oder Tablets durchführen. Mobile Apps ermöglichen es den Mitarbeitern, auch unterwegs verbunden zu bleiben und produktiv zu arbeiten, selbst wenn sie sich nicht an ihren Schreibtischen befinden oder auf Reisen sind. Diese Zugänglichkeit verbessert die Produktivität, Reaktionsfähigkeit und Agilität in den Geschäftsabläufen.

Verbesserte Benutzererfahrung und Engagement

Mobile Anwendungen sind auf die Benutzererfahrung ausgerichtet und bieten intuitive Schnittstellen und optimierte Workflows für mobile Geräte. Durch die Anpassung von Softwarefunktionalitäten und Benutzeroberflächen speziell für mobile Plattformen kann Unternehmenssoftware eine nahtlose und benutzerfreundliche Erfahrung bieten. Dies verbessert die Benutzerbindung, -adoption und -zufriedenheit, da mobile Apps den Vorlieben und Gewohnheiten von Nutzern mobiler Geräte gerecht werden.

Echtzeitdaten und Benachrichtigungen

Mobile Anwendungen ermöglichen den Echtzeitzugriff auf Unternehmensdaten und ermöglichen es den Benutzern, aktuelle Informationen und rechtzeitige Benachrichtigungen zu erhalten. Diese Echtzeit-Datenverfügbarkeit befähigt Benutzer, informierte Entscheidungen zu treffen, schnell auf Geschäftssituationen zu reagieren und über wichtige Ereignisse auf dem Laufenden zu bleiben. Mobile Apps können Push-Benachrichtigungen, Warnungen und Erinnerungen bereitstellen und sicherstellen, dass Benutzer schnell über wichtige Aktualisierungen oder Aufgaben informiert werden.

Produktivität und Zusammenarbeit unterwegs

Mobile Anwendungen erleichtern die Produktivität und Zusammenarbeit unterwegs zwischen Teammitgliedern. Benutzer können über mobile Apps auf Dokumente zugreifen und sie aktualisieren, an Diskussionen teilnehmen und mit Kollegen zusammenarbeiten. Durch mobile Collaboration-Funktionen unterstützte Zusammenarbeit verbessert die Kommunikation, Koordination und Teamarbeit, selbst wenn Teammitglieder geografisch verteilt oder remote tätig sind.

Standortbasierte Dienste und kontextbezogene Informationen

Mobile Anwendungen können standortbasierte Dienste und kontextbezogene Informationen nutzen, um die Funktionalität von Unternehmenssoftware zu verbessern. Durch die Nutzung von GPS oder Beacon-Technologie können mobile Apps standortspezifische Informationen, gezielte Empfehlungen oder personalisierte Erlebnisse bieten. Zum Beispiel kann Software für das Field Service Management

Routen basierend auf Echtzeit-Ortsdaten optimieren und so Effizienz und Kundenservice verbessern.

Integration mit Gerätefunktionen

Mobile Anwendungen können nahtlos mit verschiedenen Gerätefunktionen wie Kameras, Mikrofonen und Sensoren integriert werden. Diese Integration ermöglicht es den Benutzern, Bilder aufzunehmen, Barcodes zu scannen, Audio aufzuzeichnen oder biometrische Authentifizierung in der Unternehmenssoftware zu verwenden. Die Nutzung von Gerätefunktionen verbessert die Genauigkeit der Dateneingabe, vereinfacht Prozesse und erweitert die Funktionalität von Unternehmenssoftware.

Offline-Funktionen

Mobile Anwendungen können Offline-Funktionen bieten, die es Benutzern ermöglichen, auch dann zu arbeiten und auf Daten zuzugreifen, wenn keine Internetverbindung vorhanden ist. Der Offline-Modus ermöglicht es den Benutzern, ihre Aufgaben fortzusetzen, Daten zu synchronisieren, sobald die Konnektivität wiederhergestellt ist, und eine unterbrechungsfreie Produktivität sicherzustellen. Dies ist besonders vorteilhaft für Außendienstmitarbeiter, Vertriebsmitarbeiter oder Mitarbeiter in abgelegenen Gebieten mit eingeschränkter Netzabdeckung.

Personalisierung und Benutzereinstellungen

Mobile Anwendungen können personalisierte Erfahrungen bieten, indem sie sich an Benutzervorlieben, Einstellungen und Nutzungsmuster anpassen. Mobile Apps können sich an Benutzervorlieben erinnern, maßgeschneiderte Empfehlungen bieten und basierend auf dem

Nutzerverhalten maßgeschneiderte Inhalte anbieten. Diese Personalisierung verbessert das Benutzerengagement, die Effizienz und die Zufriedenheit mit der Unternehmenssoftware.

Durch die Integration von mobilen

Anwendungen in Unternehmenssoftware-Strategien können Organisationen die Vorteile von Mobilität, Echtzeitdaten und verbesserten Benutzererfahrungen nutzen. Mobile Apps ermöglichen es den Mitarbeitern, produktiv zu sein, effektiv zusammenzuarbeiten und informierte Entscheidungen zu treffen, unabhängig von ihrem Standort. Die Rolle von mobilen Anwendungen in Unternehmenssoftware entspricht dem wachsenden Bedarf an Flexibilität, Zugänglichkeit und auf Mobilgeräten ausgerichteten Workflows in der heutigen digitalen Geschäftswelt.

Abschließend bietet

"Die Kunst der erfolgreichen Implementierung und Verwaltung von Unternehmenssoftware" einen umfassenden Leitfaden für Unternehmen, die den komplexen Prozess der effektiven Implementierung und Verwaltung von Software bewältigen möchten. Indem wichtige Prinzipien, Strategien und bewährte Methoden betont werden, bietet dieses Buch wertvolle Einblicke, um Unternehmen bei ihren Softwareinitiativen zum Erfolg zu verhelfen.

Die erfolgreiche Implementierung und Verwaltung von

Unternehmenssoftware erfordert sorgfältige Planung, Ausrichtung mit Geschäftszielen und Fokus auf die Benutzeradoption. Das Buch betont die Bedeutung der Bewertung von Geschäftsanforderungen, die Durchführung von Machbarkeitsstudien und die Auswahl von

Softwarelösungen, die den organisatorischen Anforderungen entsprechen. Es hebt die Notwendigkeit effektiver Kommunikation, Benutzerschulung und Change Management hervor, um eine reibungslose Einführung sicherzustellen und die Vorteile der Softwareimplementierung zu maximieren.

Das Buch unterstreicht die Bedeutung der

Maximierung der Effizienz von Software durch Anpassung, Workflow-Optimierung und Integration mit bestehenden Systemen. Durch kontinuierliche Überwachung und Messung der Leistung der Software können Unternehmen Bereiche zur Verbesserung identifizieren und ihre Softwarelösungen proaktiv optimieren.

Sicherheit und Datenschutz sind wichtige

Aspekte für die erfolgreiche Softwareverwaltung. Das Buch betont die Bedeutung der Implementierung robuster Sicherheitsmaßnahmen, die Verwaltung von Benutzerzugriffen und -berechtigungen und die Einhaltung von Datenschutzbestimmungen. Durch Priorisierung der Sicherheit können Unternehmen wertvolle Daten schützen, Vertrauen aufrechterhalten und die Risiken im Zusammenhang mit Cyberbedrohungen mindern.

Zusätzlich hebt das Buch die Notwendigkeit der fortlaufenden Softwarewartung, regelmäßiger Updates und der Bewertung von Upgrade-Bedürfnissen hervor. Es betont die Bedeutung der Verwaltung von Softwarelizenzen und Supportverträgen, um eine kontinuierliche Funktionalität und den Zugang zu technischem Support sicherzustellen.

Erfolgreiche Implementierung und Verwaltung von

Software erfordern auch effektive Projektmanagementpraktiken. Das Buch betont die Bedeutung der Projektplanung, der Definition von Meilensteinen, der Überwachung des Fortschritts, der Risikoverwaltung und der Einbindung der Stakeholder während des gesamten Projektlebenszyklus. Durch die Einhaltung von Projektmanagementprinzipien können Unternehmen die Zusammenarbeit verbessern, Erwartungen verwalten und Softwareprojekte erfolgreich innerhalb des Zeitplans und des Budgets abschließen.

Abschließend erkundet das Buch aufkommende

Trends in der Branche, wie künstliche Intelligenz, Cloud Computing, IoT und Blockchain. Indem sie sich über diese Trends informieren, können Unternehmen sich proaktiv anpassen und aufstrebende Technologien nutzen, um wettbewerbsfähig zu bleiben und Innovationen voranzutreiben.

Zusammenfassend bietet

"Die Kunst der erfolgreichen Implementierung und Verwaltung von Unternehmenssoftware" einen umfassenden und praktischen Leitfaden für Unternehmen, die Erfolg in ihren Softwareinitiativen suchen. Indem sie sich auf wichtige Prinzipien, Strategien und bewährte Methoden konzentrieren, können Unternehmen die komplexe Landschaft der Softwareimplementierung und -verwaltung mit Zuversicht navigieren und dadurch die operative Effizienz verbessern, die Produktivität steigern und nachhaltiges Wachstum erreichen.

FAZIT

"Die Kunst der erfolgreichen Implementierung und Verwaltung von Unternehmenssoftware" dient als umfassender und unschätzbarer Leitfaden für Unternehmen, die sich in der komplexen Welt der Softwareimplementierung und -verwaltung bewegen. Durch eine sorgfältige Untersuchung von Schlüsselprinzipien, Strategien und bewährten Methoden vermittelt dieses Buch Unternehmen das notwendige Wissen und die Werkzeuge, um in ihren Softwareinitiativen erfolgreich zu sein.

Eine der grundlegenden Lektionen, die in diesem Buch hervorgehoben werden, ist die Bedeutung der Ausrichtung von Softwareinitiativen mit übergreifenden Geschäftszielen. Das Verständnis der spezifischen Bedürfnisse und Anforderungen der Organisation ist entscheidend für die Auswahl der richtigen Softwarelösungen. Durch gründliche Bewertungen und Machbarkeitsstudien können Unternehmen Softwareoptionen identifizieren, die am besten zu ihren einzigartigen Umständen passen. Darüber hinaus betont das Buch die Bedeutung effektiver Kommunikation und Zusammenarbeit zwischen Stakeholdern, um sicherzustellen, dass alle Parteien auf den Erfolg der Softwareimplementierung ausgerichtet sind und darin investiert sind.

Eine erfolgreiche Softwareimplementierung geht über die Phase der anfänglichen Bereitstellung hinaus; sie erfordert eine Fokussierung auf die Benutzeradoption und das Change Management. Indem sie die Benutzerschulung priorisieren und laufende Unterstützung bieten, können Unternehmen den Übergang zu neuen Softwaresystemen erleichtern und die Mitarbeiter ermutigen, die neuen Tools vollständig zu übernehmen. Das Buch betont die Notwendigkeit einer klar definierten Change-Management-Strategie, die möglichen Widerstand anspricht und einen reibungslosen Übergang gewährleistet. Letztendlich basiert die erfolgreiche Einführung von Unternehmenssoftware auf der Schaffung einer Kultur, die kontinuierliches Lernen und Verbesserung schätzt.

Um die Effizienz und Effektivität von Unternehmenssoftware zu maximieren, sind Anpassung und Optimierung von entscheidender Bedeutung. Die Anpassung der Software an spezifische Geschäftsbedürfnisse und Arbeitsabläufe ermöglicht einen schlankeren und effizienteren Betrieb. Das Buch betont die Bedeutung der Workflow-Optimierung, die die Analyse bestehender Prozesse, die Identifizierung von Engpässen und die Nutzung der Fähigkeiten der Software zur Automatisierung und Verbesserung dieser Prozesse umfasst. Die Integration der Software mit bestehenden Systemen verbessert die Produktivität und die Datenkonsistenz in der gesamten Organisation.

Sicherheit und Datenschutz sind wichtige Überlegungen in der Softwareverwaltung. Angesichts der zunehmenden Häufigkeit und Raffinesse von Cyberbedrohungen müssen Unternehmen robuste Sicherheitsmaßnahmen implementieren, um sensible Daten zu schützen. Das Buch betont die Notwendigkeit von Verschlüsselung, Zugangskontrollen und regelmäßigen Sicherheitsaudits, um die Datenintegrität sicherzustellen und vor unbefugtem Zugriff zu schützen. Darüber hinaus ist die Einhaltung von Datenschutzbestimmungen unerlässlich, und Unternehmen müssen über sich entwickelnde

Vorschriften informiert bleiben und ihre Softwareverwaltungspraktiken entsprechend anpassen.

Laufende Softwarewartung und Upgrades sind von entscheidender Bedeutung, um die langfristige Nachhaltigkeit und Relevanz von Unternehmenssoftware zu gewährleisten. Durch die Festlegung von Wartungsplänen und die Durchführung regelmäßiger Updates und Patches können Unternehmen Software-Schwachstellen angehen, neue Funktionen einführen und die Gesamtleistung verbessern. Das Buch betont die Notwendigkeit, die Notwendigkeit von Software-Upgrades zu bewerten und Softwarelizenzen und Supportverträge effektiv zu verwalten. Diese Praktiken tragen zu einer nahtlosen und ununterbrochenen Softwareerfahrung bei und ermöglichen es Unternehmen, die neuesten technologischen Fortschritte zu nutzen.

Eine erfolgreiche Softwareverwaltung erfordert auch effektive Projektmanagementprinzipien. Durch die Erstellung umfassender Projektpläne, die Definition von Meilensteinen und die Verfolgung des Fortschritts können Unternehmen sicherstellen, dass Softwareinitiativen pünktlich und innerhalb des Budgets abgeschlossen werden. Das Buch betont die Bedeutung der Risikoverwaltung, die Einbindung der Stakeholder und die Förderung effektiver Kommunikation während des gesamten Projektlebenszyklus. Effektives Projektmanagement gewährleistet Transparenz, Zusammenarbeit und die erfolgreiche Lieferung von Softwareprojekten.

Blickt man in die Zukunft, erkundet das Buch aufkommende Trends in der Branche und ihre potenzielle Auswirkung auf Unternehmenssoftware. Technologien wie künstliche Intelligenz, Cloud

Computing, das Internet der Dinge (IoT) und Blockchain verändern die Softwarelandschaft. Indem Unternehmen sich über diese Trends informieren, können sie sich positionieren, um aufkommende Chancen zu nutzen und diese Technologien zur Förderung von Innovation und Wettbewerbsvorteil zu nutzen.

www.ingramcontent.com/pod-product-compliance
Lightning Source LLC
LaVergne TN
LVHW061036070526
838201LV00073B/5059